Vokabeln effektiv nach der Häufigkeit ihres Vorkommens lernen

---

Wortschatz Englisch Wirtschaft

Vokabeln effektiv nach der Häufigkeit ihres Vorkommens lernen

---

Herausgeber

Prof. Dr. Ulrich Bannier

Studierende werden vom ersten Semester an mit englischsprachiger Literatur konfrontiert. Teilweise werden Vorlesungen auch in englischer Sprache angeboten. Daher ist ein gewisses Grundgerüst an Vokabeln für einen erfolgreichen Studienstart hilfreich. Wir haben durch umfangreiche Wortzählungen die häufigsten Wörter für fachbezogene Wortschatzbücher ermittelt, die in dieser Reihe vorgestellt werden sollen.

Bisher erschienen:

Dieckmann, A.: Wortschatz Englisch Medizin

Dieckmann, A.: Wortschatz Englisch Politik

Dieckmann, A.: Wortschatz Englisch Wirtschaft

Dieckmann, A.: Wortschatz Englisch Zahnmedizin

Anke Dieckmann

Wortschatz Englisch Wirtschaft

Vokabeln effektiv nach der Häufigkeit
ihres Vorkommens lernen

Verlegt über die
CreateSpace Open Publishing Platform
Charleston

Anke Dieckmann
Hauersweg 16
D-22303 Hamburg
buch@anke-dieckmann.de

Herausgegeben von

Prof. Dr. Ulrich Bannier
Scheffelstr. 40 B
D-22301 Hamburg
ulrich@bannier.de

über die

CreateSpace Open Publishing Platform · Charleston
www.createspace.com

1. Auflage 2013

ISBN-13: 978-1482707052
ISBN-10: 1482707055

Druck in den USA oder der EU (siehe letzte Buchseite)
Umschlagentwurf mit dem Cover Creator von CreateSpace
Satz mit LaTeX

Inhaltsverzeichnis

Vorbemerkungen

Unser Ziel ist es, quer durch alle modernen Themen der Wirtschaftswissenschaften inklusive des Wertpapierhandels die wichtigsten englischen Vokabeln mit ihren wichtigsten Bedeutungen zu präsentieren.

Dieses Buch enthält 2500 Vokabeln, die nach der Häufigkeit ihres Vorkommens angeordnet sind, sodass Sie die wichtigsten Wörter zuerst lernen. Hierdurch sollten Sie schnell in die Lage versetzt werden, englische Fachliteratur und Vorlesungen besser zu verstehen. Auch sollte es Ihnen möglich sein, kompetenter in englischen Fachgesprächen und bei Vorträgen aufzutreten. Das Buch kann auch zur Vorbereitung eines Auslandsstudiums hilfreich sein.

Neben Fachausdrücken sind auch allgemeine Vokabeln aufgeführt, die häufig in wirtschaftswissenschaftlichen Texten vorkommen. Die allgemeinen Vokabeln sollen insbesondere denjenigen das Lesen englischer Texte erleichtern, deren Wortschatz nicht so groß ist. Zusätzlich enthält das Buch ein alphabetisches Verzeichnis der englischen Vokabeln.

Es gibt Unterschiede bei Aussprache und Schreibweise des britischen und des amerikanischen Englisch. Unterschiedliche Schreibweisen haben wir kenntlich gemacht.

Dieses Buch wurde mit großer Sorgfalt erstellt. Trotzdem kann es Fehler enthalten. Sollten Sie solche entdecken oder Verbesserungsvorschläge haben, so schreiben sie bitte eine E-Mail an

buch@anke-dieckmann.de

Vielen Dank!

Lernen mit dem Internet

Wir haben keine Lautschrift für die englischen Wörter angegeben, weil das Internet viele Möglichkeiten bietet, sich die Aussprache anzuhören. Auf den Internetseiten*

dictionary.cambridge.org
www.oxfordlearnersdictionaries.com
www.thefreedictionary.com

können Sie sich für viele Wörter die amerikanische und britische Aussprache anhören. Klicken Sie jeweils auf die Lautsprechersymbole. Bei

translate.google.com

können Sie sich ganze Sätze im britischen Englisch vorlesen lassen.

Den Sinn vieler Wörter versteht man erst, wenn man diese in einem Satz liest. Zusätzlich zu den oben genannten Lexika finden Sie bei

www.learnersdictionary.com
www.macmillandictionary.com
www.linguee.de
de.bab.la

gute Beispielsätze. Das Macmillan Dictionary und das Learner's Dictionary von Merriam-Webster zeigen nur Beispielsätze ohne Übersetzung, Linguee und bab.la bieten auch die deutsche Übersetzung an.

* Leider ändern sich Internetadressen häufig, sodass die Verfügbarkeit der angegebenen Online-Lexika nicht garantiert werden kann. Auch sind nicht alle Fachausdrücke in den Lexika enthalten. Aktuelle Links zu Online-Lexika finden Sie auf der Internetseite www.vokabeln-pauken.de .

Abkürzungen und Zeichenerklärung

[ ] Eckige Klammern enthalten zusätzliche Hinweise oder Erklärungen zu einem Wort.

( ) Runde Klammern werden für optionale Formulierungen verwendet. Z.B. steht *Investor(in)* abkürzend für *Investor* und *Investorin*.

/ Auch der Schrägstrich / wird für optionale Formulierungen verwendet. Z.B. steht *im/ins Ausland* für *im Ausland* bzw. *ins Ausland*.

, Gelegentlich wird auch das Komma für optionale Formulierungen verwendet. Z.B. steht *mittlere(r,s)* für *mittlere*, *mittlerer* oder *mittleres*.

; Das Semikolon trennt Wortarten voneinander ab.

BE Ein hinter einem Wort hochgestelltes *BE* verweist auf britisches Englisch bzw. auf eine Bedeutung, die überwiegend nur im britischen Sprachraum gebräuchlich ist.

AE Ein hinter einem Wort hochgestelltes *AE* verweist auf amerikanisches Englisch bzw. auf eine Bedeutung, die überwiegend nur im amerikanischen Sprachraum gebräuchlich ist.

PL *PL* weist auf eine spezielle Pluralform des Wortes hin.

PS Hinter *PS* steht bei unregelmäßigen Verben das Past Simple.

PP Hinter *PP* steht bei unregelmäßigen Verben das Past Participle.

VF *VF* weist auf eine spezielle Schreibweise der Verlaufsform hin.

KO Hinter *KO* steht der Komparativ eines Wortes.

SU Hinter *SU* steht der Superlativ eines Wortes.

Wortschatz Wirtschaft

Vokabeln 1 bis 100

model *PS* modelled *PP* modelled *VF* modeling^{AE}/modelling^{BE}	Modell, Muster; modellieren
market	Markt [auch Börse], Handel, Absatzgebiet; vermarkten
price	Preis, Kurs [z. B. von Aktien]; bewerten, mit Preis versehen
data	Daten
value	Wert; bewerten
trade	Handel, Gewerbe, Handwerk; gewerblich; handeln [mit Waren, Wertpapieren]
rate	Rate; (be)werten, einstufen
function	Funktion; funktionieren
stock	Lager, Bestand, Vorrat, Aktie^{AE}; bevorraten
cost *PS* cost *PP* cost	kosten [Preis]; Kosten
variable	variabel, veränderlich; Variable
analysis *PL* analyses	Analyse, Analysis
bank	Bank(haus)
risk	Risiko; riskieren
information	Information, Auskunft
financial	finanziell, Finanz-
business	Business, Unternehmen, Geschäft, Angelegenheit
interest	Interesse, Zins(en), Beteiligung [Anteil]; interessieren
level *PS* leveled^{AE}/levelled^{BE} *PP* leveled^{AE}/levelled^{BE} *VF* leveling^{AE}/levelling^{BE}	Niveau, Höhe; eben; ebnen
estimate	(ein)schätzen, abschätzen; Schätzung

distribution	Verteilung, Vertrieb, Verbreitung, Distribution [auch Mathematik]
increase	Zuwachs, Zunahme; erhöhen, vermehren, zunehmen
measure	Maß; messen
return	Rendite, Ergebnis, Ertrag, Rückkehr; zurückkehren, zurückschicken
provide	versorgen, bereitstellen
work	Arbeit; arbeiten, funktionieren
average	Durchschnitt; mitteln; durchschnittlich
term	Begriff, Term, Ausdruck, Semester, Amtszeit; bezeichnen, (be)nennen
economic	ökonomisch, wirtschaftlich
state	Staat, Zustand; staatlich; darlegen
company	Unternehmen, Firma, Gesellschaft
order	Order, Auftrag, Befehl, Ordnung; bestellen, befehlen
account	Konto, Auflistung
period	Periode, Zeitabschnitt, Punkt
need	Bedarf, Bedürfnis, Not(wendigkeit); brauchen, benötigen
rule	Regel, Vorschrift, Herrschaft; regieren, herrschen
firm	Firma; fest, hart, standhaft
capital	Kapital, Hauptstadt; Kapital-
management	Management, Unternehmensführung, Geschäftsleitung
investment	Investition, Investment, Anlage [Geld]
forecast *PS* forecast/forecasted *PP* forecast/forecasted	vorhersagen, voraussagen; Vorhersage, Prognose
sample	Beispiel, Muster, Stichprobe; probieren, eine Probe nehmen, eine Stichprobe machen

form	Form, Formular; bilden, formen, gestalten
index *PL* indices *oder* indexes	Index, Verzeichnis; indexieren, indizieren
series	Reihe, Serie
asset	Vermögen(swert), Vorteil
growth	Wachstum
percent[AE], **per cent**[BE]	Prozent
mean *PS* meant *PP* meant	meinen, bedeuten; Mittelwert; mittlere, durchschnittlich
product	Erzeugnis, Produkt, Ware
probability	Wahrscheinlichkeit
standard	normal; Norm, Standard
equation	Gleichung
performance	Arbeitsleistung, Leistungsfähigkeit, Performance
profit	Profit, Gewinn, Nutzen; profitieren, nützen
economy	Wirtschaft, Ökonomie
future	Zukunft, Future [Termingeschäft]; (zu)künftig
require	benötigen, brauchen
fund	Fonds, Kapital; finanzieren
condition	Bedingung, Voraussetzung, Zustand, Lage; bedingen, konditionieren
report	Bericht, Report; berichten
policy	Politik [konkrete Inhalte, Überzeugungen, Programme, Handlung], Grundsatz, Police
income	Einkommen, Verdienst, Bezüge
money	Geld
regression	Regression, rückläufige Entwicklung
option	Option, Wahlmöglichkeit
demand	Bedarf, Nachfrage, Forderung; fordern

share	teilen, gemeinsam haben; Anteil, Aktie
expect	erwarten
issue	Angelegenheit, Sache, Ausgabe [z. B. einer Zeitschrift]; ausstellen [z. B. Dokument]
loss	Verlust
cluster	Cluster, Gruppe
support	Unterstützung; (unter)stützen
decision	Entscheidung, Entschluss, Beschluss
investor	Investor(in)
research	Forschung; forschen
determine	bestimmen, regeln, (sich) entscheiden
sell *PS* sold *PP* sold	verkaufen; Verkauf(smethode)
application	Anwendung, Bewerbung
pattern	Muster
random	zufällig, Zufalls-
position	Lage, Position, Standpunkt; positionieren
develop	(sich) entwickeln, (sich) entfalten
ratio	Verhältnis, Quotient
supply	Lieferung, Versorgung; liefern, versorgen
plan *PS* planned *PP* planned *VF* planning	planen; Plan, Entwurf
unit	Einheit
buy *PS* bought *PP* bought	einkaufen, kaufen
represent	darstellen, repräsentieren, vertreten
difference	Differenz, Unterschied
variance	Varianz, Abweichung
output *PS* output/outputted *PP* output/outputted *VF* outputting	ausgeben; Ausgabe, Ergebnis, Ertrag
volatility	Volatilität
trend	Tendenz, Trend; tendieren

current	gegenwärtig, gebräuchlich, marktgängig; Strömung, Strom
lead *PS* led *PP* led	(an)führen, leiten; Führung, Leitung
structure	Struktur; strukturieren
limit	Grenzwert, Limit, Höchstgrenze; begrenzen, beschränken
tax *PL* taxes	Steuer [Finanzamt]; besteuern
bond	Schuldverschreibung, Schuldschein, Obligation, (festverzinsliches) Wertpapier, Anleihe, Zollverschluss, Bindung; verpfänden, unter Zollverschluss stellen

Vokabeln 101 bis 200

control *PS* controlled *PP* controlled *VF* controlling	kontrollieren, regeln, steuern; Kontrolle, Regelung, Steuerung
government	Regierung
amount	Betrag, Menge
exchange	(aus)tauschen, umtauschen, wechseln; Börse, Tausch, Austausch, Umtausch, Wechselstube
statistic	statistisch
size	Größe, Format, Umfang; nach der Größe sortieren
program[AE], **programme**[BE]	Programm; programmieren
portfolio	Portfolio, Wertpapierbestand
development	Entwicklung
relationship	Beziehung, Relation
activity	Aktivität, Betätigung, Tätigkeit
property	Besitz, Eigentum, Grundstück, Eigenschaft
contract	Vertrag, Abkommen; vertraglich vereinbaren, kontrahieren, (sich) zusammenziehen
network	Netz(werk); vernetzen

labor[AE], **labour**[BE]	Arbeit; (schwer) arbeiten
project	Projekt; projizieren, projektieren
pay *PS* paid *PP* paid	(be)zahlen; Bezahlung, Lohn
class	Klasse; klassifizieren
source	Quelle, Ursprung
reduce	reduzieren, verringern
means	Mittel, Geldmittel, Hilfsmittel; bedeutet
customer	Kunde, Kundin
available	verfügbar, vorhanden
area	Fläche, Bereich, Zone
credit	Kredit(würdigkeit), Glaubwürdigkeit, Anerkennung; anerkennen
interest rate	Zinssatz, Verzinsung
net *PS* netted *PP* netted *VF* netting	netto verdienen ; netto, Netto-; Netz
power	Macht, Stärke, Gewalt, Befugnis, Potenz [Mathematik]
cash	Bargeld, Barzahlung; bar; einlösen [z. B. Scheck]
component	Bestandteil, Komponente
observation	Beobachtung, Observation
weight	Gewicht
industry	Industrie
produce	herstellen, produzieren
quality	Qualität; erstklassig, hochwertig
procedure	Prozedur, Verfahren
finance	Finanzwesen, Geldmittel; finanzieren
range	Bereich; sich erstrecken
sale	Verkauf, Ausverkauf
goods	Güter, Waren
cycle	Zyklus, Kreislauf, Arbeitsgang
public	öffentlich; Öffentlichkeit, Publikum
independent	unabhängig

production	Herstellung, Produktion
consumer	Konsument(in), Verbraucher(in)
signal *PS* signaled[AE]/signalled[BE] *PP* signaled[AE]/signalled[BE] *VF* signaling[AE]/signalling[BE]	signalisieren; Signal
service	Service, Dienst(leistung), Bedienung
knowledge	Kenntnis(se), Wissen
equity	Equity, Eigenkapital, Beteiligungskapital, Gerechtigkeit, Unparteilichkeit
law	Gesetz, Recht, Jura
estimation	Schätzung, Abschätzung
yield	hervorbringen, ergeben [zum/als Ergebnis haben]; Ertrag, Gewinn
resource	Ressource
transaction	Transaktion, Geschäftsabschluss, Abwicklung
economics	Wirtschaftswissenschaften, Ökonomie
rise *PS* rose *PP* risen	ansteigen, (auf)steigen; Zunahme, Anstieg
benefit *PS* benefited/benefitted *PP* benefited/benefitted *VF* benefiting/benefitting	nützen, profitieren; Nutzen, Vorteil
trader	Wertpapierhändler(in), Händler(in)
balance	Gleichgewicht, Saldo, Guthaben, Bilanz; abwägen, ausgleichen, bilanzieren, balancieren
statement	Aussage, Behauptung, Feststellung, Abrechnung, Kontoauszug
feature	Eigenschaft, Merkmal; besonders herausstellen
occur *PS* occurred *PP* occurred *VF* occurring	geschehen, sich ereignen
compute	berechnen

behavior[AE], **behaviour**[BE]	Verhalten
global	global
statistical	statistisch
action	Aktion, Handlung, Tat
scale	Skala, Waage[AE]; skalieren
technique	Technik
practice[AE], **practise**[BE]	(aus)üben, betreiben, praktizieren
practice	Praxis, Brauch, Handlungsweise
organization [auch: organisation[BE]]	Organisation
population	Bevölkerung
calculate	(be)rechnen, kalkulieren
purchase	Einkauf, Kauf; kaufen
square	Quadrat; quadratisch, Quadrat-; quadrieren
maximum *PL* maxima *oder* maximums	Maximum; maximal
equilibrium *PL* equilibria *oder* equilibriums	Gleichgewicht
offer	Angebot; anbieten
estimator	Kalkulator(in), Kostenplaner(in), Schätzer [Statistik]
indicate	anzeigen, hinweisen auf
sector	Sektor
significant	bedeutsam, signifikant
impact	Auswirkung, Einschlag, Aufprall
suggest	vorschlagen
requirement	Anforderung, Erfordernis
hypothesis *PL* hypotheses	Hypothese, Annahme
member	Mitglied
focus *PL* foci *oder* focuses *PS* focused/focussed *PP* focused/focussed *VF* focusing/focussing	Fokus, Brennpunkt; bündeln, fokussieren

manager	Manager(in), Geschäftsführer(in), Leiter(in)
indicator	Indikator
concept	Konzept, Begriff
sequence	Reihenfolge, Folge, Sequenz
inflation	Inflation
quantity	Menge, Quantität
potential	potenziell, möglich; Potenzial
gain	erreichen, erlangen, erwerben, zunehmen; Zunahme, Profit
debt	Schuld(en), Verschuldung, Verbindlichkeit, Verpflichtung
technology	Technologie, Technik
associate	Gesellschafter(in), Partner(in); assoziieren, verbinden; assoziiert

Vokabeln 201 bis 300

record	Aufzeichnung, Datensatz, Rekord; aufzeichnen
agent	Agent(in)
confidence	Vertrauen, Zuversicht
document	Dokument, Urkunde; dokumentieren, beurkunden
relation	Beziehung, Zusammenhang, Relation
improve	verbessern
volume	Volumen
cause	Grund, Ursache; verursachen
perform	ausführen, durchführen
degree	Grad, Stufe
satisfy	erfüllen, zufriedenstellen
loan	Darlehen, Kredit; leihen, borgen
prediction	Prognose, Vorhersage
operation	Operation, Arbeitsablauf
frequency	Frequenz, Häufigkeit

www.thinkroadsafety.gov.uk
roadsafety@leics.gov.uk

Checked your tyres?
Correct pressure?
Tread depth OK?

(legal minimum 1.6mm)

www.thinkroadsafety.gov.uk

1121672

DATE EXPIRY TIME EXPIRY TIME

18/11/06 SA 11:57

MACHINE IDENTITY

10:57 18/11 0.20 J5A027

1121672 NOT TRANSFERABLE **REFUND VOUCHER**

job *PS* jobbed *PP* jobbed *VF* jobbing	Gelegenheitsarbeiten machen, jobben; Job, Arbeitsstelle, Beruf
unite	vereinen
reserve	reservieren; Reserve
refer to	beziehen auf, verweisen auf, hinweisen auf
employment	Anstellung, Beschäftigung
employee	Arbeitnehmer(in), Angestellte(r)
wage	Lohn, Gehalt
payment	Zahlung, Bezahlung
objective	objektiv; Ziel(setzung)
technical	technisch
major	bedeutend, wichtig, Haupt-
classification	Klassifizierung, Klassifikation
securities	Wertpapiere, Effekten, Valoren [alle Wertsachen], Staatspapiere
empirical	empirisch [auf Erfahrungen beruhend]
tool	Tool, Hilfsmittel, Werkzeug, Gerät
denote	bezeichnen
expectation	Erwartung
concern	Anliegen, Konzern, Unternehmen, Besorgnis; betreffen, beunruhigen
dollar	Dollar
annual	jährlich; Jahrbuch
purpose	Absicht, Zweck; beabsichtigen
receive	empfangen, erhalten
board	Gremium, Tafel [an der Wand]; einsteigen, besteigen
decline	Rückgang; verringern
monetary	monetär, währungspolitisch, Geld-, Währungs-
corporate	körperschaftlich, gesellschaftlich, korporativ, Firmen-, Gemeinschafts-
continuous	kontinuierlich, ununterbrochen, stetig

according to	gemäß, entsprechend, in Übereinstimmung mit, zufolge
experience	Erfahrung
utility	Nutzen, Nützlichkeit, Werkzeug, Utility
foreign	ausländisch, fremd
specify	spezifizieren, genau beschreiben
opportunity	Gelegenheit
criterion *PL* criteria *oder* criterions^{AE}	Kriterium
target	Ziel, Soll, Planziel, Zielsetzung; zielen (auf)
establish	feststellen, etablieren, gründen
propose	vorschlagen
selection	Auswahl, Selektion
earnings	Ertrag(szahlen), Einkommen
invest	investieren
aggregate	Aggregat, Gesamtsumme; angesammelt; (sich) anhäufen, ansammeln
evidence	Evidenz, Beweismaterial
material	Material, Stoff; materiell, wesentlich
consumption	Verbrauch
attribute	Attribut, Eigenschaft; zuschreiben, beimessen
meet *PS* met *PP* met	treffen, begegnen, entsprechen
operate	bedienen, handhaben, operieren, handeln
revenue	Einnahme, Ertrag
cover	Umschlag, Abdeckung, Decke, Deckung, Versicherungsschutz^{BE}; zudecken, abdecken, umfassen
regulation	Regelung, Regulierung, Vorschrift
item	Gegenstand, Ding, Themenpunkt [z. B. auf einer Agenda]

region	Bereich, Gegend, Region
percentage	Prozent(satz)
database	Datenbank
instance	Instanz, Exemplar
deal *PS* dealt *PP* dealt	austeilen, verteilen; Abkommen, Geschäft
security	Sicherheit, Bürgschaft
worker	Arbeiter(in)
framework	Rahmen, Rahmenordnung
field	Feld, Fachgebiet, Körper [Mathematik]
predict	prognostizieren, vorhersagen
outcome	Ergebnis
institution	Institution, Einrichtung
association	Verband, Verein(igung)
deviation	Abweichung
efficient	effizient, wirkungsvoll
transform	transformieren, umwandeln, (sich) verwandeln
characteristic	charakteristisch, kennzeichnend; (charakteristisches) Merkmal, Charakteristik
advantage	Vorteil
tend	tendieren
advance	voranschreiten, vorankommen, Fortschritte machen, vorstrecken [Geld]; Fortschritt, Vorschuss
environment	Umgebung, Umwelt
formula *PL* formulae *oder* formulas	Formel
data set [auch: dataset]	Datentabelle, Menge von Daten(sätzen)
influence	Einfluss; beeinflussen
representation	Darstellung, Repräsentation, Repräsentanz
comparison	Vergleich

ensure	gewährleisten, sicherstellen
underlie *PS* underlay *PP* underlain *VF* underlying	zugrunde liegen
evaluate	evaluieren, bewerten, berechnen
survey	Überblick, Umfrage; befragen
budget	Budget, Etat; budgetieren
unemployment	Arbeitslosigkeit
spread *PS* spread *PP* spread	verbreiten, ausbreiten; Verbreitung, Ausbreitung, Spannweite, Spread [Spanne zwischen Kursen/Preisen]
entry	Eintrag, Dateneintrag, Eingang, Eintritt

Vokabeln 301 bis 400

decrease	Abnahme, Verminderung, Verringerung; abnehmen, vermindern, verringern
rank	Rang; einstufen, eingestuft werden
commodity	Commodity, Handelsware, Rohstoff [bei Termingeschäften]
combination	Kombination
illustrate	illustrieren, veranschaulichen
deposit	Depot, Einzahlung, Einlage, Guthaben, Anzahlung; einzahlen, deponieren
marginal	marginal, geringfügig, Rand-
measurement	Messung, Messwert
moving average [auch: moving-average]	gleitender Durchschnitt
examine	prüfen, untersuchen
graph	Diagramm, grafische Darstellung; grafisch darstellen
goal	Ziel, Tor [Sport]
currency	Währung
constraint	Randbedingung, Nebenbedingung, Zwang
lose *PS* lost *PP* lost	verlieren

grow *PS* grew *PP* grown	wachsen
derivative	Derivat, Ableitung; abgeleitet, nachgemacht
productivity	Produktivität
operator	Bediener(in), Operator
manage	managen, führen, verwalten
department	Abteilung, Fachbereich
lag *PS* lagged *PP* lagged *VF* lagging	Verzögerung, Zeitdifferenz, Schrittweite; zurückbleiben
transfer *PS* transferred *PP* transferred *VF* transferring	übertragen, verlegen; Übertragung, Verlegung
efficiency	Effizienz, Leistungsfähigkeit
exhibit	ausstellen; Ausstellungsstück
evaluation	Evaluierung, Beurteilung, Bewertung
context	Zusammenhang
task	Aufgabe(nstellung), Pflicht
effective	wirksam, wirkungsvoll, effektiv
carry	tragen, befördern
dimension	Dimension
long-term	langfristig
charge	Gebühr, Ladung, Anklage; Gebühr erheben, aufladen, anklagen
category	Kategorie, Rubrik
distribute	verteilen, [Waren] vertreiben
simulation	Simulation, Vortäuschung
variation	Variation, Abweichung
implement	implementieren, durchführen
expansion	Ausdehnung, Erweiterung, Expansion
extend	(sich) ausdehnen, erweitern, verlängern
insurance	Versicherung
chain	Kette; verketten, anketten
accuracy	Exaktheit, Genauigkeit
agreement	Zustimmung, Vereinbarung

authority	Autorität, Behörde, Amtsgewalt, Vollmacht, Befugnis, Expertin, Experte
approximation	Approximation, Näherung
summary	Zusammenfassung
raise	(an)heben, erheben, erhöhen, steigern, sammeln [Geld], aufwerfen [Frage], aufziehen [Kinder]; Erhöhung, Gehaltserhöhung
vary	variieren, abwandeln, (ver)ändern
ability	Fähigkeit
hedge	(sich) absichern; Absicherung (z. B. beim Termingeschäft), Kursabsicherung, Gegendeckung, Hecke
dividend	Dividende, Ausschüttung
strategic	strategisch
interaction	Wechselwirkung
calculation	Berechnung
competitive	wettbewerbsfähig, konkurrenzfähig, Wettbewerbs-
innovation	Innovation, Neuerung
crisis *PL* crises	Krise
community	Gemeinde, Gemeinschaft, Gesellschaft
expense	Ausgaben, Kosten(aufwand)
education	Ausbildung, Bildung
preference	Präferenz, Vorliebe
win *PS* won *PP* won *VF* winning	gewinnen; Gewinn, Sieg
importance	Wichtigkeit
export	Export, Ausfuhr; ausführen, exportieren
cash flow	Cashflow [Liquidität eines Unternehmens]
discount	Rabatt, Discount, Preisnachlass, Disagio, Diskont; [Preis] nachlassen, diskontieren

bill	Rechnung, Gesetz(entwurf), Banknote[AE]; eine Rechnung ausstellen
stock market	Aktienmarkt, Wertpapiermarkt, Börse
score	Ergebnis, Wertung, Punktestand; [gut/schlecht] abschneiden, [Ergebnis] erzielen
check	Kontrolle, Scheck[AE]; kontrollieren, prüfen
saving	Einsparung, Kosteneinsparung, Ersparnis, Rettung; sichernd, speichernd, rettend
critical	kritisch, entscheidend
movement	Bewegung
uncertainty	Unbestimmtheit, Ungewissheit
construction	Konstruktion
employ	einstellen [Arbeitsstelle], anwenden
ask	fragen, bitten; Ask [Angebotskurs], Brief(kurs)
competition	Konkurrenz, Wettbewerb
panel	Gremium
arise *PS* arose *PP* arisen	entstehen, entspringen
office	Büro
liability	Verpflichtung, Haftpflicht, Haftung, Verbindlichkeit, Passivposten [Bilanz], Passiva
household	Haushalt; Haushalts-
maintain	beibehalten, aufrechterhalten, instand halten, unterstützen
provision	Provision, Vorkehrung, Bereitstellung
adjustment	Ausrichtung, Justierung
director	Direktor(in), Regisseur(in)
contrast	Gegensatz, Kontrast; gegenüberstellen
machine	Maschine; Maschinen-, maschinell; maschinell bearbeiten
domestic	inländisch, häuslich, Inlands-, Binnen-

industrial	industriell
expenditure	Ausgabe(n), Aufwendung
improvement	Verbesserung, Fortschritt
shareholder	Aktionär(in), Anteilseigner(in)
manufacture	Herstellung, Fabrikation; erzeugen, fertigen, herstellen
fiscal	fiskalisch, steuerlich, Finanz-
claim	Anspruch; beanspruchen, behaupten
implementation	Implementierung, Realisierung, Durchführung, Umsetzung
exchange rate	Devisenkurs, Umrechnungskurs, Wechselkurs

Vokabeln 401 bis 500

reduction	Reduktion, Reduzierung, Verringerung, Verkleinerung
effort	Bemühung, Anstrengung, Mühe
conduct	betreiben, durchführen, leiten, dirigieren; Handlungsweise
internal	intern, innere, inländisch
margin	Marge, Spielraum, Rand
analyst	Analyst(in)
contribution	Beitrag
treasury	Staatskasse, Fiskus, Schatzamt, Schatzkammer
avoid	vermeiden
enterprise	Betrieb, Unternehmen
challenge	Herausforderung; herausfordern, in Frage stellen, bestreiten
gap	Spalt, Lücke
skill	Fähigkeit, Fertigkeit, Geschick(lichkeit)
legal	legal, rechtlich, rechtmäßig
domain	Gebiet, Bereich, Domain, Domäne
success	Erfolg

stock price	Aktienkurs
capacity	Fassungsvermögen, Kapazität
commission	Kommission, Provision; beauftragen
communication	Kommunikation, Mitteilung
agency	Agentur, Vertretung
participant	Teilnehmer(in)
emerge	hervorkommen, herauskommen, auftauchen, hervorgehen aus
integrate	integrieren, eingliedern
proportion	Anteil, Proportion, Verhältnis
monitor	Bildschirm, Monitor; überwachen, kontrollieren
corporation	Unternehmen, Stadtverwaltung[BE]
organizational [auch: organisational]	organisatorisch
assessment	Einschätzung, Bewertung
specification	Spezifikation, (genaue) Beschreibung
oil	Öl
perspective	Blickwinkel, Perspektive
commercial	kommerziell; Werbespot [TV]
short-term	kurzzeitig, Kurzzeit-
assess	einschätzen, beurteilen
premium	Kursaufschlag, Prämie, Versicherungsprämie, Zuschlag; premium, erstklassig
consideration	Erwägung, Überlegung, Berücksichtigung, Rücksicht(nahme)
entity	Objekt, Ding, Entität
liquidity	Liquidität, Flüssigkeit
generation	Generation, Erzeugung
maturity	Fälligkeit, Reife
profile	Profil
buyer	Käufer(in)
significance	Bedeutung, Signifikanz

professional	professionell, fachmännisch; Fachmann, Fachfrau, Profi
exceed	übersteigen, überschreiten
economist	Wirtschaftswissenschaftler(in), Ökonom(in)
optimization [auch: optimisation^{BE}]	Optimierung
incentive	Leistungsanreiz, Ansporn
restriction	Beschränkung, Einschränkung
inference	Inferenz, Schluss(folgerung), Folgerung
treatment	Behandlung
peak	Spitze
sufficient	genügend, ausreichend, hineichend
kernel	Kern [auch Mathematik]
approximate	ungefähr, annähernd, angenähert; approximieren, (an)nähern
demonstrate	zeigen, demonstrieren, veranschaulichen
implication	Implikation, Folge(rung), Auswirkung
nominal	nominal, nominell, Nominal-, Nenn-
responsibility	Verantwortung, Verantwortlichkeit
location	Lage, Standort, Stelle
team	Mannschaft, Team
guide	Führer(in), Leitfaden, Handbuch; anleiten, führen, leiten, lenken
quarter	Viertel, Vierteldollar^{AE}; einquartieren, vierteln
allocation	Zuteilung, Kontingentierung, Vergabe [z. B. von öffentlichen Mitteln]
supplier	Lieferant(in), Zulieferer, Lieferfirma
financial market	Finanzmarkt
structural	strukturell
transition	Überleitung, Übergang
topic	Thematik, Themenkreis
successful	erfolgreich

exponential	exponentiell [wie die Exponentialfunktion]
mix	mischen, (sich) vermischen; Mix, Mischung
analyze^{AE}, **analyse**^{BE}	analysieren
valuation	Bewertung
store	Lager, Vorrat, Laden^{AE}; aufbewahren, speichern
gross	grob, brutto, Brutto-; Gros, [das] Ganze, überwiegender Teil
equipment	Ausrüstung
computational	rechnerisch, Rechen-, Berechnungs-, Computer-
regulatory	regulatorisch
committee	Komitee, Ausschuss
recession	Rezession, Rückgang
scenario	Szenario
environmental	Umwelt-
labor market^{AE}, **labour market**^{BE}	Arbeitsmarkt
substitute	Ersatz, Vertretung; ersetzen, substituieren
earn	verdienen
collection	Sammlung, Ansammlung
governance	Unternehmensführung [die Art und Weise, nicht die Personen!], Regierungsführung, Governance
seller	Verkäufer(in)
excess	Überschuss, Übermaß, Exzess; überzählig, überschüssig
schedule	Zeitplan, Terminplan, Fahrplan, Flugplan; [Termine] planen
methodology	Methodik, Methodologie
union	Union, Verein(igung), Verbindung, Gewerkschaft; gewerkschaftlich

pressure	Druck
billion	Milliarde [Vorsicht! Im älteren britischen Englisch: Billion]
discovery	Entdeckung
minimize [auch: minimise^{BE}]	minimieren, auf ein Minimum reduzieren
maximize [auch: maximise^{BE}]	maximieren
seasonal	saisonal

Vokabeln 501 bis 600

license^{AE}, **licence**^{BE}	Lizenz, Zulassung
import	Import, Einfuhr; importieren, einführen
audit	Überprüfung, Rechnungsprüfung, Buchprüfung, Revision, Audit
reform	Reform; reformieren
integration	Integration, Integrierung, Eingliederung
integral	wesentlich; Integral
growth rate	Wachstumsrate, Zuwachsrate
borrow	(aus)borgen, (aus)leihen
business cycle	Konjunkturzyklus, Wirtschaftszyklus
worth	wert; Wert
candidate	Kandidat(in)
residual	Rest, Rückstand, Überbleibsel; residual, übrig bleibend, verbleibend, zurückbleibend
variety	Vielfalt, Varietät
computation	Berechnung
client	Klient(in)
satisfaction	Zufriedenstellung, Erfüllung [von Verpflichtungen], Begleichung [von Schulden]
guarantee	Garantie, Gewährleistung; garantieren, gewährleisten

exposure	Exposition, Ausgesetztsein, Preisgabe, Enthüllung
evolution	Evolution, Entwicklung
fluctuation	Fluktuation, Schwankung
expert	Expertin, Experte; fachkundig, ausgezeichnet
fee	Gebühr, Honorar
classify	klassifizieren
partition	Aufteilung, Partition; aufteilen
complexity	Komplexität
impose	auferlegen, aufdrängen, aufzwingen
projection	Projektion
lend *PS* lent *PP* lent	leihen, ausleihen, verleihen
realize [auch: realise[BE]]	erkennen, realisieren
attention	Aufmerksamkeit
request	Bitte, Gesuch; (er)bitten, ersuchen
delivery	Lieferung, Auslieferung, Zustellung
treat	behandeln
extension	Ausdehnung, Erweiterung, Verlängerung
incorporate	beinhalten, [als Kapitalgesellschaft] registrieren/eintragen (lassen)
protection	Schutz
proposition	Proposition, Vorschlag, Satz [Aussage], Lehrsatz
restrict	beschränken, einschränken
owner	Eigentümer(in)
inventory	Bestandsaufnahme, Inventar(isierung), Inventur
strike *PS* struck *PP* struck/stricken[AE]	streiken, (zu)schlagen, stoßen auf [z. B. auf Öl]; Streik, Schlag, Fund
correlate	Korrelat, Gegenstück; korrelieren
monetary policy	Geldpolitik

executive	leitende(r) Angestellte(r), Exekutive; geschäftsführend, leitend, ausübend, exekutiv
channel *PS* channeled[AE]/channelled[BE] *PP* channeled[AE]/channelled[BE] *VF* channeling[AE]/channelling[BE]	kanalisieren, lenken, schleusen; Kanal
macroeconomic	makroökonomisch, volkswirtschaftlich
obligation	Verpflichtung, Verbindlichkeit, Obligation
deliver	(aus)liefern, zustellen
savings	Ersparnisse, Spareinlagen
stability	Stabilität
commitment	Verpflichtung
register	Verzeichnis, Register; registrieren
acquisition	Erwerb, Anschaffung, Akquisition
robust	robust, widerstandsfähig
modify	modifizieren, (ab)ändern
safety	Sicherheit
surface	Fläche, Oberfläche; ans Tageslicht kommen, auftauchen
plant	[technische] Anlage, Fabrik, Pflanze; pflanzen
profitable	profitabel, gewinnbringend
depreciation	Abschreibung [auf materielle Wirtschaftsgüter], Abwertung, Entwertung, Wertverlust
balance sheet	Bilanz
head	Kopf, Chef; anführen, den Vorsitz haben
gas *PL* gases [selten: gasses[AE]] *PS* gassed *PP* gassed *VF* gassing	mit Gas versorgen, vergasen; Gas, Benzin[AE]
inequality	Ungleichheit, Ungleichung

retail	Einzelhandel; (im Einzelhandel) verkaufen
infrastructure	Infrastruktur
broker	Börsenmakler(in), Broker(in)
risk management	Risikomanagement
circumstance	Umstand
mutual fund	Investmentfonds
employer	Arbeitgeber(in)
workplace	Arbeitsplatz, Arbeitsstätte
central bank	Zentralbank
capability	Leistungsfähigkeit, Befähigung
venture	wagen, riskieren; Wagnis, [risikobehaftetes] Unternehmen
summarize [auch: summarise^{BE}]	zusammenfassen
operational	operativ, betriebsbereit, einsatzbereit
representative	Repräsentant(in), Vertreter(in); repräsentativ
benchmark	Benchmark, Bewertung, Vergleichsgröße
progress	Fortschritt; Fortschritte machen, vorwärtskommen, vorankommen
compensation	Kompensation, Ausgleich, Entschädigung
supply chain	Lieferkette
price level	Preisniveau
recovery	Erholung
real estate	Immobilien, Grundbesitz
cumulative	kumulativ, angehäuft
food	Nahrung, Lebensmittel
deficit	Defizit, Mangel, Fehlbetrag
acquire	erwerben, sich etwas aneignen, akquirieren
reveal	enthüllen, offenbaren

reversal	Umkehr(ung), Rückschlag, Stornierung, Storno
welfare	Fürsorge, Sozialhilfe, Wohl(ergehen)
dependence	Abhängigkeit
foundation	Fundament, Grundlage, Stiftung, Gründung
regional	regional
proceed	weitergehen, fortschreiten, weitermachen, vorgehen, verfahren
producer	Produzent(in), Hersteller(in)
fair	fair, gerecht; Messe
researcher	Forscher(in)
prevent	verhindern, vorbeugen

Vokabeln 601 bis 700

arbitrage	Arbitrage [Ausnutzung von Preisunterschieden]
momentum *PL* momenta *oder* momentums	Momentum [technischer Indikator], Impuls
brand	Marke(nzeichen), Brandmal; brandmarken
grant	Subvention, Zuschuss, Stipendium; erlauben, bewilligen, gewähren
reward	Belohnung; belohnen
responsible	verantwortlich
session	Sitzung
package	Paket, Verpackung
surplus	Überschuss; überschüssig, überzählig
recommend	empfehlen
coordinate	Koordinate; koordinieren; beigeordnet, nebengeordnet
protect	schützen
per capita	pro Kopf
enhance	verbessern

identification	Identifizierung, Identifikation
handbook	Handbuch
quarterly	quartalsweise, vierteljährlich; Vierteljahresschrift
simulate	simulieren, vortäuschen
membership	Mitgliedschaft
Federal Reserve (System) [kurz: Fed]	US-Notenbank [Zentralbank-System der USA]
ownership	Eigentümerschaft, Eigentumsrecht
investigate	erforschen, untersuchen
creation	Erzeugung, Erschaffung, Schöpfung
detect	detektieren, aufspüren
magnitude	Größe, Größenordnung
independence	Unabhängigkeit
financial statement	Geschäftsbericht, Vermögensaufstellung
stand *PS* stood *PP* stood	stehen, standhalten; Stand, Standpunkt
precede	vorangehen, vorausgehen
release	Freilassung, Freigabe, Ausgabe [z. B. eines Buches]; freigeben
quantitative	quantitativ
recommendation	Empfehlung
confirm	bekräftigen, bestätigen
decade	Jahrzehnt, Dekade
distinguish	unterscheiden
settlement	Abkommen, Regelung, Siedlung
branch	Ast, Zweig, Filiale; sich verzweigen
capital market	Kapitalmarkt, Finanzmarkt
demand curve	Nachfragekurve
engage	engagieren
division	Abteilung, Division, Teilung
detection	Entdeckung, Aufdeckung
arrangement	Arrangement, Anordnung, Vereinbarung
resolution	Entschluss, Entschlossenheit, Resolution

sustainable	nachhaltig
regulate	regulieren
compound	Zusammensetzung; mischen, verbinden; zusammengesetzt
econometrics	Ökonometrie
profitability	Profitabilität, Rentabilität
technical analysis	technische Analyse
disclosure	Bekanntmachung, Offenlegung
quote	Zitat; zitieren
majority	Mehrheit
drawdown	Rückgang, Rückzug, Inanspruchnahme [Kredit]
intend	beabsichtigen, vorhaben
formation	Formation, Formung, Gründung
spectrum *PL* spectra *oder* spectrums	Spektrum
market price	Kurs, Marktpreis
applicable	anwendbar
trading system	Handelssystem
trading strategy	Trading-Strategie, Handelsstrategie
guidance	Führung, Anleitung, Beratung
alliance	Bündnis, Allianz
payoff	Auszahlung, Abzahlung, Resultat
resistance	Widerstand
economic growth	Wirtschaftswachstum
entrepreneur	Unternehmer(in)
pool	Pool, Konsortium; zusammenfassen, bündeln
coverage	Berichterstattung, Versicherungsschutz[AE]
quadratic	quadratisch
promote	fördern, befördern [Beruf], werben für
goods and services	Güter und Dienstleistungen, Leistungen

examination	Examen, Prüfung, Untersuchung
retain	(bei)behalten
portion	Portion, Anteil
transport	Transport; transportieren
leader	Anführer(in), Führer(in), Leiter(in)
barrier	Barriere, Hindernis
proposal	Vorschlag
logistic	logistisch
econometric	ökonometrisch
medium PL media *oder* mediums	durchschnittlich, mittel, medium; Medium
findings	Erkenntnisse, Befund
long-run	langfristig, auf lange Sicht, Langzeit-
net profit	Nettogewinn, Reingewinn
outline	Kontur, Entwurf, Umriss, Skizze; entwerfen, skizzieren
layer	Schicht; (auf)schichten
symmetric	symmetrisch
facilitate	ermöglichen, erleichtern
exception	Ausnahme
participation	Teilnahme, Mitwirkung
message	Meldung, Nachricht
effectiveness	Effektivität, Wirksamkeit
extraction	Extraktion, Extrahierung, Gewinnung
execution	Exekution, Hinrichtung, Durchführung, Ausführung
multiply	multiplizieren, vervielfachen
limitation	Begrenzung, Einschränkung
technological	technologisch, technisch
bullish	bullisch, optimistisch [bezogen auf Kurssteigerungen]
swap PS swapped PP swapped VF swapping	(aus)tauschen, eintauschen; Swap(geschäft), Tausch(handel), Eintausch

Vokabeln 701 bis 800

convert	konvertieren, umformen, umwandeln
induce	induzieren, bewirken
undertake *PS* undertook *PP* undertaken	unternehmen, durchführen
origin	Ursprung
locate	lokalisieren, ausfindig machen
round	rund; Runde; runden
money supply	Geldvolumen, Geldmenge
adapt	anpassen, adaptieren
rate of return	Reingewinn, Rendite
vote	Abstimmung, Stimme [Wahl]; abstimmen, wählen
surprise	Überraschung; überraschen
media	Medien
analytical	analytisch
vertical	senkrecht, vertikal; Senkrechte, Vertikale
anticipate	erwarten, vorausahnen, vorwegnehmen
protocol	Protokoll
stakeholder	Teilhaber(in), Interessenvertreter(in), treuhänderische(r) Verwahrer(in)
duty	Pflicht, Abgabe, Zollgebühr
official	offiziell, amtlich; Amtsperson
standardize [auch: standardise[BE]]	standardisieren
future contract	Terminkontrakt
participate	teilnehmen, teilhaben
causal	kausal, ursächlich
respondent	Beklagte(r), Antragsgegner(in); antwortend
presentation	Präsentation, Vorführung
execute	ausführen

fraction	Fraktion, Bruch(teil)
diagram *PS* diagramed[AE]/diagrammed[BE] *PP* diagramed[AE]/diagrammed[BE] *VF* diagraming[AE]/diagramming[BE]	Diagramm; grafisch darstellen, als Diagramm darstellen
provider	Anbieter(in), Versorger(in)
breakout	Ausbruch
case study	Fallstudie
transaction cost	Transaktionskosten
distinct	verschieden, ausgeprägt, deutlich
intermediate	dazwischenliegend, intermediär, mittlere(r,s); Zwischenprodukt, fortgeschrittene(r) Anfänger(in) [Studium]
periodic	periodisch
comprehensive	umfassend
globalization [auch: globalisation[BE]]	Globalisierung
constitute	konstituieren, darstellen, gründen
compete	konkurrieren, wettstreiten
time period	Zeitraum, Zeitspanne
compliance	Compliance [Einhaltung von Regeln]
organize [auch: organise[BE]]	organisieren
administration	Verwaltung, Administration, Verabreichung
expected return	erwartete Rendite
feedback	Feedback, Rückmeldung, Rückkopplung
safe	sicher, in Sicherheit; Safe
mixture	Mischung
hierarchical	hierarchisch
sensitivity	Sensitivität, Sensibilität
initiative	Initiative
investigation	Untersuchung, Ermittlung, Erforschung
flexibility	Flexibilität, Beweglichkeit, Biegsamkeit

outstanding	hervorragend, ausstehend [z. B. Schulden]
consume	konsumieren, verbrauchen, verzehren
paragraph	Absatz, Paragraph; (in Abschnitte) gliedern
expiration	Ablauf, Verfall, Expiration
illustration	Illustration, Veranschaulichung
special case	Spezialfall
normalize [auch: normalise^{BE}]	normalisieren
comparative	vergleichend; Komparativ
productive	ergiebig, produktiv
proportional	proportional
discipline	Disziplin, Fachgebiet; disziplinieren
usage	Gebrauch, Verwendung
rich	reich(haltig)
adaptive	adaptiv, anpassungsfähig
overhead	Overhead, Gemeinkosten, allgemeine Unkosten
brief	Instruktion; instruieren; knapp
scientific	wissenschaftlich
diffusion	Diffusion, Ausbreitung
fuel *PS* fueled^{AE}/fuelled^{BE} *PP* fueled^{AE}/fuelled^{BE} *VF* fueling^{AE}/fuelling^{BE}	befeuern, schüren, anheizen, anfachen, betanken; Brennstoff, Kraftstoff, Treibstoff
option price	Optionskurs, Optionspreis
healthcare	Gesundheitswesen
explanatory	erklärend
substantially	beträchtlich, wesentlich, substanziell
generalization [auch: generalisation^{BE}]	Generalisierung, Verallgemeinerung
coupon	Coupon, Gutschein, Zinsschein
diversification	Diversifikation, Diversifizierung
upward	aufwärts, (auf)steigend

favor[AE], **favour**[BE]	Gunst, Gefallen; bevorzugen, favorisieren
circle	Kreis; kreisen
consistency	Konsistenz, Stimmigkeit
risky *KO* riskier *SU* riskiest	riskant
determination	Bestimmung
market value	Marktwert
assistance	Beistand, Hilfe, Unterstützung
transportation	Beförderung, Transport
data analysis	Datenauswertung, Datenanalyse
holder	Halter(in), Inhaber(in)
composite	zusammengesetzt
collective	kollektiv, gemeinsam; Kollektiv, Gemeinschaft
unemployment rate	Arbeitslosenquote, Arbeitslosenrate
urban	städtisch, Stadt-
council	Rat, Ratsversammlung, Konzil
adequate	angemessen, ausreichend
financial institution	Finanzinstitut, Kreditinstitut
attitude	[innere] Einstellung, Gesinnung
monopoly	Monopol
advertise	werben, inserieren, annoncieren, (öffentlich) ankündigen
odds	Chancen, Gewinnchancen, Verschiedenheit, Unterschied

Vokabeln 801 bis 900

bureau *PL* bureaus[AE] *oder* bureaux[BE]	Büro, Amt, Behörde
capitalism	Kapitalismus
suffer	leiden, (Verluste) erleiden, (er)dulden, ertragen, aushalten
mortgage	Hypothek, Verpfändung, Pfand(brief); verpfänden, eine Hypothek aufnehmen

bargain	Handel, Geschäft, Gelegenheitskauf, (günstiger) Kauf, (günstige) Gelegenheit
exploit	verwerten, ausbeuten, ausnutzen; Heldentat, große Leistung
availability	Verfügbarkeit
competitor	Mitbewerber(in), Konkurrent(in), Wettbewerber(in)
temporary	vorläufig, vorübergehend, zeitweilig
allocate	zuteilen, zuweisen
guideline	Richtlinie
accordance	Übereinstimmung
query	Abfrage, Anfrage
partnership	Partnerschaft
valuable	wertvoll
corporate governance	Corporate Governance, Grundsätze der Unternehmensführung
administrative	administrativ, Verwaltungs-
judge	Richter(in), Kampfrichter(in); (be)urteilen, bewerten
permission	Erlaubnis, Genehmigung
financial services	Finanzdienstleistungen
validation	Validierung, Zuverlässigkeitsprüfung
transmission	Übermittlung, Übertragung
damage	Schädigung, Beschädigung
incur *PS* incurred *PP* incurred *VF* incurring	auf sich nehmen, geraten in [z. B. Schulden], erleiden
occurrence	Vorkommen, Auftreten
price change	Preisänderung, Kursänderung [z. B. einer Aktie]
neighborhood[AE], **neighbourhood**[BE]	Nachbarschaft
prospect	Aussicht, Perspektive; erkunden, schürfen

assist	assistieren
tendency	Tendenz
borrower	Kreditnehmer(in) Schuldner(in)
commit *PS* committed *PP* committed *VF* committing	begehen [z. B. Verbrechen], anvertrauen, übergeben [z. B. an einen Ausschuss], einweisen [z. B. in eine Strafanstalt], verpflichten
govern	regieren
asset price	Vermögenswert, Wertpapierkurs, Anlagekurs
developing country	Entwicklungsland
dominate	dominieren
intangible	nicht greifbar, immateriell
market research	Marktforschung
maintenance	Instandhaltung, Wartung
qualify	qualifizieren
stock exchange	Börse
advice	Rat(schlag)
reliable	verlässlich, zuverlässig
issuer	Aussteller(in), Ausgeber(in), Emittent(in)
recover	sich erholen, wiedererlangen
poverty	Armut
baseline	Grundlinie
foreign exchange [kurz: forex]	Fremdwährung, Devisen, Valuta
collateral	Sicherheit [Pfand]; kollateral, seitlich
secure	sicher; sichern, absichern
receipt	Annahme [z. B. einer Sendung], Eingang [z. B. von Waren], Empfangsbestätigung, Quittung
submit *PS* submitted *PP* submitted *VF* submitting	abschicken, einreichen

labor force^{AE}, **labour force**^{BE}	Arbeitskräfte, Arbeitnehmerschaft, Belegschaft
substitution	Substitution, Ersetzung
tax rate	Steuersatz
salary	Gehalt, Lohn, Gage
replacement	Ersetzung, Ersatz
swing *PS* swung *PP* swung	schwingen, schaukeln; Swing [Kursschwankungen], Schwung, Schaukel
validity	Gültigkeit(sdauer), Validität
justify	rechtfertigen
sequential	sequentiell, der Reihe nach
orientation	Orientierung
penalty	Strafe
comprise	umfassen, beinhalten
device	Gerät
abroad	im/ins Ausland
basket	Basket [Zusammenstellung von Anlageprodukten], Korb
supply curve	Angebotskurve
coordination	Koordination, Koordinierung
intervention	Intervention, Einmischung
storage	Lager(ung), Speicher(ung)
sustain	unterstützen, standhalten, aufrechterhalten
pension	Pension, Rente, Ruhegehalt
depict	schildern, veranschaulichen
patent	Patent; patentieren (lassen)
normality	Normalität, Normalzustand
oscillator	Oszillator [Art von technischen Indikatoren]
downward	abwärts, rückläufig
rally	Rallye
constrain	einschränken

diversity	Vielfalt, Diversität
approve	genehmigen, zulassen
dummy	Attrappe, Strohmann, Dummy, Schaufensterpuppe
crucial	entscheidend, ausschlaggebend
minority	Minderheit, Minorität
motivation	Motivation, Ansporn
equality	Gleichheit, Gleichwertigkeit
excellent	ausgezeichnet, hervorragend
promotion	Förderung, Werbekampagne, Beförderung [Beruf]
static	statisch, gleichbleibend, unveränderlich
hierarchy	Hierarchie, Rangordnung
reliability	Zuverlässigkeit
intention	Absicht, Bestreben, Intention
retirement	Ruhestand
sensitive	empfindsam, sensibel, sensitiv
outlook	Ausblick, Aussicht, Perspektive
superior	höhergestellt, überlegen; Vorgesetzte(r)
tariff	Tarif, Zolltarif, Zollgebühr, Preisverzeichnis; mit Zoll belegen
clause	Klausel
turnover	Umsatz

Vokabeln 901 bis 1000

variability	Variabilität, Veränderlichkeit
agriculture	Landwirtschaft, Ackerbau
entrepreneurship	Unternehmertum, Unternehmerschaft
emergency	Notfall
attract	anziehen, anlocken
consult	konsultieren, um Rat fragen
mobile	mobil, beweglich; Handy[BE]
distinction	Unterscheidung, Unterschied, Auszeichnung, Ehrung

expensive	kostspielig, teuer
per unit	je Einheit
simplicity	Einfachheit
accumulate	akkumulieren, anhäufen
instruction	Instruktion, Anweisung, Unterricht
aggregate demand	gesamtwirtschaftliche Nachfrage, aggregierte Nachfrage, Gesamtnachfrage
registration	Registrierung
motivate	motivieren, anspornen
lender	Darlehensgeber(in), Verleiher(in), Kreditgeber(in)
aggregation	Aggregation, Anhäufung
permanent	permanent, dauerhaft
personnel	Personal, Belegschaft
categorical	kategorisch, grundsätzlich
reconstruction	Rekonstruktion, Wiederaufbau
concentration	Konzentration, Ansammlung
adverse	ungünstig
bearish	bärisch [zur Baisse (fallende Kurse) tendierend]
leadership	Führung
market share	Marktanteil
accrual	Zuwachs, Ansammlung [z. B. Zinsen], Anfall [z. B. Dividenden]
extensive	umfangreich, ausgedehnt, umfassend, extensiv
announcement	Ankündigung, Bekanntmachung
utilize [auch: utilise^{BE}]	nutzen, benutzen
crash	Crash, Absturz, Zusammenstoß; abstürzen, zusammenstürzen, zusammenstoßen
fiscal policy	Finanzpolitik, Steuerpolitik
gender	Geschlecht

comparable	vergleichbar
precision	Präzision, Genauigkeit, Exaktheit
accumulation	Akkumulation, Anhäufung
agricultural	landwirtschaftlich
composition	Zusammensetzung, Zusammenstellung, Komposition
marginal cost	Grenzkosten, Marginalkosten
pursue	streben nach
emission	Emission
small business	Kleinunternehmen, mittelständisches Unternehmen
sophisticated	hoch entwickelt, ausgeklügelt
separation	Abtrennung, Trennung
favorable^{AE}, **favourable**^{BE}	günstig, wohlwollend
overlap *PS* overlapped *PP* overlapped *VF* overlapping	Überschneidung, Überlappung; (sich) überschneiden, (sich) überlappen
modification	Modifikation, Abwandlung
accomplish	durchführen, vollbringen
continuity	Kontinuität, Stetigkeit
announce	ankündigen, verkünden
candlestick chart	Candlestick-Chart, Kerzenchart
waste	Verschwendung, Vergeudung, Abfall; verschwenden, vergeuden; öde, wüst, unbebaut
creditor	Gläubiger(in), Kreditor(in)
credit risk	Kreditrisiko
encounter	Begegnung; stoßen auf
debate	Debatte; debattieren, diskutieren
optimize [auch: optimise^{BE}]	optimieren
disadvantage	Nachteil
checking account^{AE}, **current account**^{BE}	Girokonto
desirable	wünschenswert, erstrebenswert
managerial	geschäftsführend, leitend, Direktions-

sustainability	Nachhaltigkeit, Umweltverträglichkeit
stock return	Aktienrendite, Aktiengewinn
float	umlaufen, [z. B. Aktien] in Umlauf bringen, lancieren, in Umlauf sein, [Firma] gründen, [Anleihe] auflegen, schwanken; float [Datentyp], Float [Zeit zwischen Banküberweisung und Gutschrift beim Empfänger]
realization [auch: realisation^{BE}]	Realisierung, Durchführung
merger	Fusion, Zusammenschluss, Verschmelzung
qualitative	qualitativ
outperform	übertreffen
proxy	Stellvertreter(in), Bevollmächtigte(r), Prozessbevollmächtigte(r), Vollmacht, Prokura, Prokurist(in), Stimmrecht [Aktien]
frontier	Landesgrenze
attractive	attraktiv, anziehend
point of view	Blickwinkel, Gesichtspunkt, Standpunkt
political economy	Volkswirtschaft(slehre)
assignment	Zuordnung, Zuteilung, Zuweisung, Aufgabe [Schule]
specialist	Spezialist(in)
intraday	intraday [innerhalb eines Tages]
jurisdiction	Rechtsprechung, Gerichtsbarkeit
farm	Bauernhof, Farm; Landwirtschaft betreiben
volatile	volatil, schwankend
money market	Geldmarkt
president	Präsident(in), Direktor(in)^{AE}
depression	Depression, Niedergeschlagenheit, Wirtschaftskrise

array	Array, Feld [in der Datenverarbeitung], Ansammlung; anordnen, aufreihen
holding	Beteiligung, Besitz [an Wertpapieren]
intermediary	vermittelnd, intermediär; Zwischenhändler(in), Vermittler(in)
communicate	mitteilen, kommunizieren
supervision	Beaufsichtigung, Betreuung
manual	Handbuch, Manual; von Hand, manuell
weakness	Schwäche
cheap	billig, preisgünstig
approval	Zustimmung, Genehmigung
collapse	Kollaps, Einsturz, Zusammenbruch; kollabieren, zusammenbrechen
cyclical	zyklisch
auditor	Revisor(in), Rechnungsprüfer(in), Wirtschaftsprüfer(in)
income tax	Einkommensteuer, Lohnsteuer, Ertragssteuer
disclose	bekannt geben, enthüllen, aufdecken
lecture	Vorlesung, Vortrag, Lehrveranstaltung; Vortrag halten, Vorlesung halten
subsidiary	Tochtergesellschaft; untergeordnet
accompany	begleiten

Vokabeln 1001 bis 1100

commerce	Handel
preparation	Vorbereitung, Präparation
cargo PL cargoes *oder* cargos	Ladung, Fracht, Cargo
strike price	Ausübungspreis, Basispreis [einer Option]
supervisor	Aufsichtführende(r), Kontrolleur, Doktormutter, Doktorvater
conversion	Umwandlung, Umrechnung

debit	Debet, Abbuchung, Kontobelastung; abbuchen
drift	Drift, Strömung, Tendenz; driften, treiben
full-time	vollzeit, Vollzeit-; ganztags
era	Ära, Epoche, Zeitalter
short-run	kurzfristig
establishment	Gründung, Schaffung, Unternehmen, Niederlassung, Institution, Establishment
indication	Anzeichen, Hinweis
comply	befolgen
auction	Auktion, Versteigerung; versteigern
reproduce	reproduzieren
competitiveness	Wettbewerbsfähigkeit
threat	Bedrohung, Drohung
attack	Angriff, Attacke; angreifen
module	Modul, Baugruppe
minor	geringer, kleiner
diversify	diversifizieren
dealer	Händler(in)
oppose	widersetzen, entgegentreten, sich wenden gegen
occupation	Beruf, Beschäftigung, Besetzung [eines Landes], Besitznahme
hedge fund	Hedgefonds
pound	Pfund
enforcement	Durchsetzung, Erzwingung
specialize [auch: specialise[BE]]	(sich) spezialisieren
sentence	Satz, Strafe [Gericht]; verurteilen [zu einer Strafe]
configuration	Konfiguration, Anordnung

appeal	Anziehungskraft, Appell, Gesuch; appellieren, Einspruch einlegen
calendar	Kalender
multiplier	Multiplikator, Vervielfacher
yield curve	Ertragskurve, Renditekurve
decision-making	Entscheidungsfindung
considerably	beträchtlich, erheblich
financial report	Finanzbericht
survival	Überleben
differentiate	unterscheiden, differenzieren
charter	chartern; Charter, Urkunde, Gründungsurkunde, Charta, Satzung; chartern
in advance	im Voraus
innovative	innovativ
gather	sammeln, sich ansammeln, versammeln
dominant	dominant, dominierend, vorherrschend
risk-free	risikolos, risikofrei
simultaneous	simultan, gleichzeitig
banking system	Bankensystem, Banksystem
net income	Reingewinn, Nettoertrag
capitalist	Kapitalist(in); kapitalistisch
bubble	Blase, Luftblase; sprudeln, Blasen bilden
prime	primär, beste, erste
pose	Haltung; [Thema] aufwerfen, [Frage] stellen
interact	wechselwirken, interagieren
incomplete	unvollständig, unfertig
information system	Informationssystem
meeting	Treffen, Versammlung
inspection	Inspektion, Überprüfung
fashion	Mode

boost	Auftrieb, Aufschwung, Steigerung; erhöhen, steigern, verstärken
mobility	Mobilität, Beweglichkeit
workshop	Workshop, Werkstatt
forward rate	Terminkurs, Terminpreis
decay	Zerfall, Verfall; zerfallen, verfallen
convention	Brauch, Konvention
linkage	Anbindung, Kopplung
prevail	vorherrschen, überwiegen
relevance	Relevanz
successive	aufeinanderfolgend
container	Container, Behälter
diminish	verringern, (ver)mindern, nachlassen
crude	Rohöl, Rohprodukt; roh, grob
unemployed	arbeitslos; Arbeitslose(r)
capitalization [auch: capitalisation[BE]]	Kapitalisierung
banker	Banker(in), Bankier, Bankkauffrau, Bankkaufmann, Bankangestellte(r)
macroeconomics	Makroökonomie, Volkswirtschaftslehre
compensate	kompensieren, ausgleichen, entschädigen
private sector	privater Bereich, Privatwirtschaft, privatwirtschaftlicher Bereich
consensus	Übereinstimmung, Konsens
conceptual	begrifflich, konzeptionell
manufacturer	Hersteller(in), Fabrikant(in)
brokerage	Maklergebühr, Courtage, Provision [eines Maklers]
designate	kennzeichnen, bezeichnen, benennen, ernennen; designiert
shop *PS* shopped *PP* shopped *VF* shopping	einkaufen; Geschäft, Laden, Werkstatt

grade	Grad, Qualitätsstufe, Klasse[AE] [Schule]; einstufen, benoten
financial instrument	Finanzinstrument
vendor	Verkäufer(in)
short selling	Leerverkauf
future market	Terminbörse, Terminmarkt, Zukunftsmarkt
global economy	Weltwirtschaft
world economy	Weltwirtschaft
costly *KO* costlier *SU* costliest	kostenintensiv, kostspielig
revision	Revision, Überprüfung
automate	automatisieren
short position	Short-Position [Verkaufsposition, mit der auf fallende Kurse spekuliert wird]
certificate	Zertifikat, Bescheinigung; zertifizieren, bescheinigen
bankruptcy	Konkurs, Bankrott
acceptance	Akzeptanz, Akzeptierung
template	Vorlage, Schablone
histogram	Histogramm, Balkendiagramm

Vokabeln 1101 bis 1200

disturbance	Störung
economic development	Konjunkturentwicklung, wirtschaftliche Entwicklung
carrier	Spediteur(in), Transportunternehmen, Transporteur(in), Gepäckträger(in), Fluggesellschaft
violation	Verletzung [von Vorschriften], Übertretung, Verstoß
cooperation	Zusammenarbeit, Kooperation
pursuant to	entsprechend, gemäß
financial system	Finanzsystem

infer *PS* inferred *PP* inferred *VF* inferring	(schluss)folgern
coin	Münze; prägen
discount rate	Diskontsatz
career	Karriere, Laufbahn, Werdegang
steel	Stahl; stählern
neutral	neutral
qualification	Qualifikation, Eignung
enforce	durchsetzen, erzwingen
payable	fällig, zahlbar
quantify	quantifizieren, mengenmäßig bestimmen, in Zahlen ausdrücken
sponsor	Sponsor(in); fördern, sponsern
crowd	Ansammlung, Menschenmenge; (sich) drängen
coincide	zusammentreffen, übereinstimmen
judgment [auch: judgement]	Urteil, richterliche Entscheidung, Beurteilung
paradigm	Paradigma, vorherrschende (wissenschaftliche) Denkweise
possess	besitzen
real-time	Echtzeit-
documentation	Dokumentation
overcome *PS* overcame *PP* overcome	überwinden, bewältigen
capable	fähig, befähigt
sentiment	Sentiment, Stimmung
initiate	initiieren, veranlassen, einarbeiten, einführen; Anfänger(in)
informal	formlos, zwanglos, informell
ultimate	endgültig, äußerste
generic	generisch, artmäßig; Generikum
expose	freilegen, zur Schau stellen, exponieren

wide range	große Auswahl, große Vielfalt, breites Spektrum
emerging market	Emerging Market, Schwellenmarkt
consolidate	konsolidieren
supervise	überwachen, beaufsichtigen, betreuen
bandwidth	Bandbreite
compact	kompakt; Pakt, (geheimer) Vertrag
practitioner	Praktiker(in), Fachfrau, Fachmann
burden	Belastung; belasten, aufbürden
financial crisis	Finanzkrise
bear market	Bärenmarkt [Markt mit fallenden Kursen], Baissemarkt
total cost(s)	Gesamtkosten
remuneration	Vergütung, Besoldung, Gehalt, Lohn
bill of lading	Konnossement, Schiffsfrachtbrief, Frachtbrief[AE]
receivable	ausstehend [Forderungen], debitorisch, annehmbar, zulässig; Außenstand
protective	protektiv, (be)schützend, Schutz-
prohibit	untersagen, verbieten
machinery	Ausrüstung, Maschinenausstattung
serial	seriell, fortlaufend, Serien-
trading day	Handelstag
chairman	Chairman, Vorsitzende(r)
hybrid	hybrid, Hybrid-; Mischform
economic theory	Wirtschaftstheorie
marketplace	Markt(platz)
dependency	Abhängigkeit
season	Jahreszeit, Saison
settle	festlegen, vereinbaren, schlichten, klären, begleichen [Schulden], schließen [Vertrag], besiedeln, sich niederlassen

income statement	Gewinn- und Verlustrechnung, Einkommensaufstellung, Ertragsrechnung
attain	erlangen, erreichen
mature	reif; reifen, heranreifen
common stock	Stammaktie
speculative	spekulativ
factory	Fabrik
virtually	nahezu, so gut wie
accelerate	beschleunigen
incident	Zwischenfall, Vorfall
violate	[eine Vorschrift] verletzen, [ein Gesetz] übertreten
inherent	inhärent, innewohnend, immanent, anhaftend, angeboren
occupational	beruflich, berufsbedingt, Berufs-
declare	deklarieren, verkünden
temporal	zeitlich, temporal
production function	Produktionsfunktion
price movement	Kursbewegung, Preisbewegung
future price	Future-Preis [Preis im Termingeschäft], zukünftiger Preis
trade-off	Trade-off [Kosten-Nutzen-Abwägung], Zielkonflikt, Kompromiss, Zugeständnis, Kompensation, Tauschgeschäft
market condition	Marktlage, Marktbedingung, Marktumfeld
devote	(sich) widmen
citizen	Staatsbürger(in), Bürger(in)
advocate	Anwalt, Anwältin; verfechten, verteidigen
measurable	messbar
territory	Territorium, Gebiet
setting	Lage, Situation, Umfeld, Einrichtung

merge	mischen
variant	Variante
succeed	Erfolg haben, gelingen, (nach)folgen
amend	verbessern, abändern, berichtigen
turning point	Umkehrpunkt, Wendepunkt
prune	reduzieren [z. B. Kosten], kürzen, beschneiden
architecture	Architektur
international trade	internationaler Handel, Welthandel
taxation	Besteuerung, Taxierung
inflation rate	Inflationsrate
prescribe	vorschreiben, anordnen, verordnen
appreciation	Anerkennung, Wertschätzung, Wertzuwachs, Aufwertung
negotiation	Verhandlung, Aushandeln [z. B. einen Vertrag], Übertragung [z. B. eines Wertes]
metropolitan	Großstädter(in); (groß)städtisch
incorporated	(amtlich) eingetragen [z. B. als Aktiengesellschaft]
signature	Signatur, Unterschrift

Vokabeln 1201 bis 1300

maximization [auch: maximisation[BE]]	Maximierung
capital stock	Grundkapital, Kapitalstock, Aktienkapital
consolidation	Konsolidierung, Zusammenschluss [von Unternehmen]
convenience	Annehmlichkeit, Zweckmäßigkeit, Vorteil
suggestion	Vorschlag
procurement	Beschaffung(swesen), Besorgung, Einkauf
authorize [auch: authorise[BE]]	autorisieren, ermächtigen

diverse	verschiedenartig, vielfältig
surrogate	Ersatz, Ersatzstoff, Ersatzperson, Surrogat
market participant	Marktteilnehmer(in)
bond market	Anleihenmarkt, Rentenmarkt
alignment	Ausrichtung, Angleichung
entrepreneurial	unternehmerisch
completion	Fertigstellung, Vollendung, Vervollständigung
transparency	Transparenz
applicant	Antragsteller(in), Bewerber(in)
voluntary	freiwillig
unconditional	bedingungslos, unbedingt, uneingeschränkt
affair	Angelegenheit
asset class	Anlageklasse, Assetklasse, Asset Class
confirmation	Bekräftigung, Bestätigung
mission	Mission, Berufung
engagement	Engagement, Verpflichtung
annual report	Jahresbericht
quality management	Qualitätsmanagement, Qualitätssicherung
resident	Bewohner(in); ansässig, wohnhaft
accountant	Buchhalter(in), Rechnungsführer(in)
dispute	Streit, Auseinandersetzung; streiten
acknowledge	bestätigen, anerkennen
subsidy	Beihilfe, Subvention, Fördermittel
productivity growth	Produktivitätswachstum
job satisfaction	Zufriedenheit am Arbeitsplatz
fiscal year	Fiskaljahr
bull market	Bullenmarkt [Markt mit steigenden Kursen]
cross-border	grenzüberschreitend, länderübergreifend

indexation	Indexbindung [z. B. an Löhne], Indexierung
relative strength	relative Stärke [technischer Indikator]
treasury bond	(langfristige) Schatzanweisung, Schatzobligation
book value	Bilanzwert, Buchwert
restructure	umstrukturieren, restrukturieren
wholesale	Großhandel
breakdown	Zusammenbruch
trillion	Billion [Vorsicht! Im älteren britischen Englisch: Trillion]
human capital	Humankapital
intuition	Intuition, Gespür
optimum PL optima *oder* optimums	Optimum; bestmöglich, optimal
spreadsheet	Kalkulationstabelle, Tabellenkalkulation
visualization [auch: visualisation[BE]]	Visualisierung, Sichtbarmachung, Veranschaulichung
full-time employment	Vollzeitstelle, Vollzeitbeschäftigung, Ganztagsbeschäftigung
market risk	Kursrisiko
policymaker [auch: policy-maker]	politische(r) Entscheidungsträger(in), Politikgestalter(in)
involvement	Einbeziehung, Verwicklung, Beteiligung
service quality	Servicequalität
fix costs	Fixkosten
retrieve	[Information] abrufen, wiederfinden
geographic	geografisch
exploration	Erforschung, Untersuchung
consultation	Konsultation, Beratung
mutually	gegenseitig, wechselseitig
economic cycle	Wirtschaftskreislauf
repayment	Rückzahlung, Zurückzahlung, Tilgung
achievement	Zustandebringen, Errungenschaft

financial risk	finanzielles Risiko, Finanzrisiko
accident	Unfall, Unglück, Zufall
expire	verfallen, ungültig werden
routine	Routine; routinemäßig
imbalance	Ungleichgewicht, Unausgewogenheit
cognitive	kognitiv, erkenntnismäßig
economical	ökonomisch, wirtschaftlich, kostensparend
amendment	Verbesserung
stock index	Aktienindex, Börsenindex
seasonality	Saisonalität, Saisonabhängigkeit
traffic *PS* trafficked *PP* trafficked *VF* trafficking	Verkehr; illegalen Handel treiben
statutory	gesetzlich festgelegt, gesetzlich geregelt
backward	rückwärts(gerichtet)
instantaneous	instantan, augenblicklich, sofort, unverzüglich
adoption	Adoption, Aneignung
financial economics	Finanzökonomie, Finanzwirtschaft
hypothetical	hypothetisch
vast	ausgedehnt, gewaltig, riesig
excessive	übermäßig, exzessiv
worldwide	weltweit
warrant	gewährleisten, rechtfertigen; Garantie, Vollmacht
consultant	Berater(in)
mitigate	abschwächen, mildern
alternate	alternieren, abwechseln; alternierend, wechselseitig; Stellvertreter(in)[AE]
empirical evidence	empirische Daten, empirische Belege, empirischer Nachweis
entitle	berechtigen, betiteln
election	Wahl
economic analysis	Wirtschaftsanalyse

negotiate	verhandeln, aushandeln
unstable	instabil
render	machen, leisten [z. B. Hilfe], wiedergeben, vorlegen [z. B. Rechnung], abwerfen [z. B. Gewinn]
heterogeneous	heterogen, uneinheitlich
endowment	Stiftung, finanzielle Ausstattung, Begabung, Talent
working capital	Betriebskapital, Umlaufvermögen
strategic management	strategisches Management
board of directors	Direktorium, Vorstand
foreign currency	Devisen, Fremdwährung
mechanics	Mechanik, Mechanismus

Vokabeln 1301 bis 1400

rural	ländlich
reputation	Ansehen, Reputation
convince	überzeugen
inflow	Zufluss, Zufuhr
management accounting	Betriebsbuchführung, (internes) Rechnungswesen
rating	Rating, Bewertung
cooperative	kooperativ, hilfsbereit; Genossenschaft, Kooperative
sovereign	Souverän(in), Herrscher(in); hoheitlich, souverän
terminate	begrenzen, beend(ig)en, enden, aufkündigen [z. B. Vertrag]
replicate	replizieren, nachbilden
discharge	[Waren] ausladen, entladen, entlassen, [Schulden] tilgen, [Urteil] aufheben; Entladung, Ausladung, Entlassung, Bezahlung
beneficial	vorteilhaft, förderlich
interim	vorläufig, Zwischen-; Interim

budget constraint	Budgetbeschränkung
ministry	Ministerium
accommodate	anpassen, unterbringen
agenda	Agenda, Tagesordnung
accrue	anfallen [z. B. Zinsen], auflaufen, sich ansammeln
complaint	Beschwerde
entail	beinhalten, mit sich bringen
project management	Projektleitung, Projektmanagement
public sector	öffentlicher Bereich, öffentlicher Sektor; öffentlich [staatlich], Staats-
insure	versichern, gewährleisten
persistence	Beharrlichkeit, Ausdauer
satisfactory	zufriedenstellend
additionally	zusätzlich, darüber hinaus, außerdem
differently	verschieden, unterschiedlich
social network	soziales Netz(werk)
long position	Long-Position [von steigenden Kursen profitierende Wertpapierposition]
real interest rate	Realzins(satz)
slippage	Slippage [Differenz zwischen veranschlagtem und tatsächlichem Ausführungskurs], Schwund, Abweichung, Verzögerung
attend	teilnehmen
workforce	Belegschaft, Arbeitnehmerschaft, Arbeitskräfte
termination	Beendigung, Erlöschen, Kündigung
contingent	Kontingent, Anteil; eventuell, gelegentlich
sell signal	Verkaufssignal
continuation	Prolongation, Verlängerung, Fortsetzung, Weiterführung
heterogeneity	Verschiedenartigkeit, Heterogenität

cross-sectional	Querschnitts-
certainty	Sicherheit, Bestimmtheit, Gewissheit
joint venture	Joint Venture, Gemeinschaftsprojekt, Gemeinschaftsunternehmen
annually	jährlich
liable	haftbar, verantwortlich, verpflichtet
issuance	Herausgabe, Ausgabe, Ausstellung [z. B. Scheck], Emission
demand function	Nachfragefunktion
rate of change	Änderungsrate, Änderungsquote
skilled	ausgebildet, bewandert
social security	Sozialhilfe, Sozialversicherungsrente[AE]
customer service	Kundenbetreuung, Kundendienst
repair	Reparatur; reparieren
integrity	Integrität, Unversehrtheit
capital gain	Kapitalzuwachs, Vermögenszunahme
current price	aktueller Preis, aktueller Kurs
financial accounting	Finanzbuchhaltung
competitive advantage	Wettbewerbsvorteil
encompass	umfassen, umschließen, beinhalten
corn	Getreide, Korn, Mais
advise	beraten, anraten, empfehlen
drawback	Nachteil
put option	Put-Option [Finanzinstrument, mit dem man auf fallende Märkte spekuliert]
income per capita	Pro-Kopf-Einkommen
appreciate	(zu) schätzen (wissen)
essence	Essenz, Wesentliche
financial performance	Finanzerfolg, wirtschaftlicher Erfolg
decision maker [auch: decision-maker]	Entscheidungsträger(in)
fluctuate	fluktuieren, schwanken

withdraw *PS* withdrew *PP* withdrawn	(sich) zurückziehen, abheben [Geld]
speculator	Spekulant(in)
economic system	Wirtschaftsordnung, Wirtschaftssystem, Wirtschaftsform
adviser [auch: advisor^{AE}]	Berater(in), Ratgeber(in)
rationale	Begründung, Gründe
limit order	limitierte Order
widespread	weitverbreitet
adaptation	Anpassung, Adaption
merit	Vorzug, Verdienst [im bildlichen Sinne]; verdienen
straddle	Straddle [Handelsstrategie], Grätsche; spreizen
awareness	Gewahrsein, Kenntnis
complementary	komplementär, (einander) ergänzend
certify	zertifizieren, bescheinigen, beurkunden
appropriate	angemessen, geeignet, passend
vice versa	umgekehrt, vice versa
counterpart	Gegenstück, Pendant
uncover	aufdecken, enthüllen, freilegen
investment decision	Anlageentscheidung
annualized [auch: annualised^{BE}]	annualisiert [auf Jahresbasis umgerechnet]
assurance	Versicherung, Bürgschaft, Garantie, Sicherheit
parity	Parität, Gleichheit
telecommunications	Fernmeldewesen
logistics	Logistik
coalition	Koalition
quota	Quote, Anteil, Kontingent
allowance	Zuschuss, Freibetrag, Taschengeld^{AE}
lifetime	Lebensdauer, Lebenszeit
shortage	Knappheit, Mangel

congestion	Anhäufung, Überfüllung, Stauung
total net profit	Gesamtgewinn, Gesamtergebnis
inefficient	ineffizient, unwirtschaftlich
aversion	Abneigung, Aversion
appointment	Ernennung, Berufung, Einsetzung, Verabredung, Zusammenkunft
collaboration	Kollaboration, Zusammenarbeit

Vokabeln 1401 bis 1500

synthesis *PL* syntheses	Synthese
campaign	Kampagne, Werbekampagne; eine Kampagne machen
venture capital	Beteiligungskapital, Wagniskapital
money management	Finanzverwaltung, Geldverwaltung
reinforce	verstärken, bekräftigen
withdrawal	Rückzug, Abhebung [Geld]
excess return	Überschussrendite, Excess Return
annex	annektieren, einverleiben
grain	Getreide, Korn
insurance company	Versicherung(sgesellschaft), Assekuranz
percentage change	prozentuale Veränderung
equilibrium price	Gleichgewichtspreis
econometric model	ökonometrisches Modell
worksheet	Arbeitsblatt, Tabellenblatt
price move	Kursbewegung, Preisbewegung
irregular	irregulär, unregelmäßig, regelwidrig
risk manager	Risikomanager(in)
instability	Instabilität
warehouse	Lagerhalle, Lagerhaus
speculation	Spekulation
contractual	vertraglich, Vertrags-
utilization [auch: utilisation *BE*]	Nutzung, Verwendung

business plan	Businessplan, Geschäftsplan
neglect	vernachlässigen; Vernachlässigung, Nachlässigkeit
free market	freier Markt
removal	Entfernung, Beseitigung
occasion	Gelegenheit, Anlass; verursachen
treasury bill	Schatzwechsel
afford	sich leisten, ermöglichen
loser	Verlierer(in)
descriptive	beschreibend, deskriptiv
buy signal	Kaufsignal
open position	offene Position, offener Posten
clarify	klären, verdeutlichen
deduction	Schluss(folgerung), Herleitung, Nachlass [Preis], Abzug [z. B. vom Lohn]
reversion	Umkehrung, Anwartschaft
adequacy	Angemessenheit
educate	ausbilden
synthetic	synthetisch; Synthetik, Kunststoff
financial asset	Finanzanlage
basis point	Basispunkt [0,01 Prozent]
spot price	Spotpreis, Kassakurs, Basispreis
repay *PS* repaid *PP* repaid	zurückzahlen
imperfect	fehlerhaft, unvollkommen; Imperfekt
municipal	städtisch
purchasing power	Kaufkraft
augment	vermehren, vergrößern, zunehmen
commercial bank	Geschäftsbank
historical data	historische Daten, Vergangenheitswerte
variable cost(s)	variable Kosten
pro forma	der Form halber, pro forma

prosperity	Wohlstand, Prosperität [Periode wirtschaftlichen Aufschwungs]
true value	wahrer Wert, Realwert, tatsächlicher Wert
forex [kurz für: foreign exchange]	Devisen
oil price	Ölpreis
credit card	Kreditkarte
real exchange rate	realer Wechselkurs
differentiation	Differenzierung, Unterscheidung
overseas	in/nach Übersee, Übersee-
prototype	Prototyp
numeric	numerisch, zahlenmäßig
stock option	Aktienbezugsrecht
generality	Allgemeingültigkeit, Allgemeinheit
shrink *PS* shrank/shrunk *PP* shrunk/shrunken	schrumpfen, kleiner werden
preparedness	Bereitschaft
debtor	Darlehensnehmer(in), Debitor(in), Kreditnehmer(in), Schuldner(in)
loyalty	Loyalität, Treue
risk factor	Risikofaktor
viewpoint	Gesichtspunkt
average cost(s)	Durchschnittskosten
confusion	Durcheinander, Verwirrung, Konfusion
accountability	Verantwortlichkeit
transmit *PS* transmitted *PP* transmitted *VF* transmitting	übermitteln, übertragen
contemporary	heutig, zeitgenössisch
portfolio management	Portfolioverwaltung, Vermögensverwaltung
short sale	Leerverkauf
European Union	Europäische Union

acceleration	Beschleunigung, vorzeitige Fälligkeit
commodity price	Rohstoffpreis
disposal	Entsorgung, Veräußerung, Verkauf
assure	zusichern, versichern
persistent	persistent, anhaltend
inconsistent	inkonsistent, unstimmig, widersprüchlich
consumer behaviour	Verbraucherverhalten
market analysis	Marktanalyse, Marktstudie
summation	Summation, Aufsummierung
share price	Aktienkurs
local government	Kommunalverwaltung
manipulation	Manipulation
bilateral	bilateral, zweiseitig, beiderseitig
redundant	redundant [überzählig vorhanden], überflüssig
measurement error	Messfehler
verification	Verifizierung, Überprüfung, Beglaubigung, Beurkundung
bank credit	Bankdarlehen, Bankkredit
validate	validieren, bestätigen, auf Gültigkeit prüfen
trademark	Warenzeichen, Markenzeichen
liquidation	Liquidation [auch einer Firma], Geschäftsauflösung, Tilgung
liquidate	liquidieren [auch eine Firma], tilgen [z. B. Schulden]
advisory	beratend
characterization [auch: characterisation^{BE}]	Charakterisierung

Vokabeln 1501 bis 1600

stabilize [auch: stabilise^{BE}]	(sich) stabilisieren
terms and conditions	Geschäftsbedingungen

justification	Rechtfertigung
consumer price	Endverbrauchereinkaufspreis, Verbraucherpreis
rate of interest	Zinssatz, Zinsfuß
market maker	Market-Maker [Bank/Brokerfirma, die ständig bereit zu einem Wertpapierhandel ist], Marktmacher(in)
equity market	Aktienmarkt
migration	Migration, Wanderung, Abwanderung
resource management	Ressourcenmanagement
nominal interest	Nominalzins
predetermined	vorherbestimmt, vorher festgelegt
exclusively	ausschließlich, exklusiv
acknowledgment	Anerkennung, Eingeständnis, Danksagung, Empfangsbestätigung
credit expansion	Kreditausweitung
capital structure	Kapitalstruktur
insolvency	Insolvenz, Konkurs, Zahlungsunfähigkeit
directive	Weisung, Direktive
national income	Nationaleinkommen, Volkseinkommen
retailer	Einzelhändler(in), Händler(in)
monopolist	Monopolist
ledger	Hauptbuch [enthält alle finanziellen Transaktionen eines Unternehmens]
contractor	Auftragnehmer(in), Vertragsnehmer(in)
demographic	demografisch
product development	Produktentwicklung
takeover	Übernahme, Geschäftsübernahme
corrective	Abhilfe, Korrektiv; verbessernd
passenger	Fahrgast, Passagier(in)
certification	Zertifizierung, Beurkundung
shadow bank	Schattenbank
natural resources	Bodenschätze, Rohstoffe

price increase	Kursanstieg, Preisanstieg, Verteuerung
capitalize [auch: capitalise^{BE}]	kapitalisieren, zu Kapital machen
risk-neutral	risikoneutral
fair value	Marktwert, üblicher Marktpreis, fairer Wert
inquiry [auch: enquiry]	Anfrage, Abfrage, Untersuchung
price action	Kursentwicklungen, Preisentwicklung
steer	steuern, lenken
territorial	territorial
crime	Verbrechen
restore	wiederherstellen, restaurieren
information technology	Informationstechnologie
proprietary	proprietär, (gesetzlich geschützt), Eigentums-
insufficient	insuffizient, ungenügend, unzureichend
financial data	Finanzdaten
retention	Zurückhalten, Einbehaltung, Beibehaltung, Aufbewahrung
circular	kreisförmig, zirkulär; Rundschreiben
freight	Fracht; verfrachten
nominal interest rate	Nominalzinssatz
influential	einflussreich
business model	Geschäftsmodell
inefficiency	Ineffizienz, Unwirtschaftlichkeit
petroleum	Erdöl, Mineralöl
discrepancy	Diskrepanz
asset allocation	Asset-Allocation, Portfoliostrukturierung, Vermögensaufteilung [auf verschiedene Anlageinstrumente]
international market	internationaler Markt, Weltmarkt
fraud	Betrug
eligible	geeignet, berechtigt, infrage kommen

caution	Vorsicht
stockholder	Aktionär(in), Anteilseigner(in)
suspect	verdächtigen, vermuten; verdächtig; Verdächtige(r)
gasoline^{AE}	Benzin; Benzin-, Kraftstoff-
placement	Platzieren, Einstellung [von Arbeitskräften], Vermittlung [eines Arbeitsplatzes], Unterbringung [von Kapital], Vergabe [von Aufträgen]
secretary	Sekretär(in), Staatssekretär(in)^{BE}, Minister(in)^{AE}
audience	Publikum, Zuhörerschaft, Audienz
mean reversion	Mean Reversion [(Mittelwertannäherung von Zinssätzen und Kursen]
judgmental [auch: judgemental]	(vorschnell) (ver)urteilend, (vorschnell) wertend
economic profit	ökonomischen Gewinn, wirtschaftlichen Erfolg, wirtschaftlichen Nutzen, betriebswirtschaftliche Ergebnisse
struggle	Kampf, Anstrengung, Mühe; sich abmühen
processor	Prozessor, Sachbearbeiter(in)^{AE}, Bearbeiter(in)
labor productivity^{AE}, **labour productivity**^{BE}	Arbeitsproduktivität
mandate	Mandat, Vollmacht; bevollmächtigen, beauftragen
convertible	konvertierbar, umwandelbar
overbought	überkauft
pollution	Verunreinigung, Verschmutzung
renewable	erneuerbar
operational risk	operationales Risiko, Betriebsrisiko
affiliate	angliedern; Tochtergesellschaft, Zweigfirma

market economy	Marktwirtschaft
remedy	Abhilfe, Heilmittel; abhelfen, wiedergutmachen
restrictive	restriktiv, beschränkend, einschränkend
merchant	Kauffrau, Kaufmann; Handels-
fiscal cliff	Fiskalklippe
intermediation	Vermittlung
economic policy	Wirtschaftspolitik
money demand	Geldbedarf, Geldnachfrage
expansionary	expansiv
justice	Gerechtigkeit, Justiz
interest rate risk	Zinsänderungsrisiko
moral hazard	subjektives Risiko [z. B. bei falschen Angaben des Versicherten], fahrlässiges Verhalten [da versichert]
labor supply[AE], **labour supply**[BE]	Angebot an Arbeitskräften
exchange market	Devisenmarkt
business practice[AE], **business practise**[BE]	Geschäftspraxis
start-up	neugegründetes Unternehmen
abandon	verlassen, aufgeben, preisgeben
profit margin	Gewinnmarge, Profitmarge, Gewinnspanne
consent	Zustimmung, Einwilligung; zustimmen, einwilligen
market indicator	Marktindikator, Börsenbarometer
obstacle	Hindernis
optional	optional, auf Wunsch
price cap	Preisobergrenze

Vokabeln 1601 bis 1700

prospective	prospektiv, vorausschauend
uptrend	Aufwärtstrend

multiplication	Multiplikation, Vervielfachung
gross profit	Bruttoertrag, Rohgewinn
market index	Marktindex
social science	Sozialwissenschaft
business process	Geschäftsprozess
trading range	Handelsspanne
questionnaire	Fragebogen
stop-loss order [auch: stop loss order]	Stop-Loss Auftrag [Verkaufsauftrag, der bei Unterschreiten eines vorgegebene Kurses aktiviert wird]
elaborate	ausführlich, (sorgfältig) ausgearbeitet; näher ausführen, (sorgfältig) ausarbeiten
tier	Reihe, Lage [z. B. Container], Schicht
price rise	Preisanstieg, Preiserhöhung, Preissteigerung
marketing strategy	Marketingstrategie, Vertriebsstrategie
capital goods	Kapitalgüter
regress	rückläufige Entwicklung, Regress; sich rückläufig entwickeln, sich zurückbilden, sich verschlechtern
large amount	großer Betrag
multinational	multinational; multinationaler Konzern
spurious	falsch, unecht, gefälscht
risk aversion	Risikoaversion
free trade	freier Handel, Freihandel; Freihandels-
distinguished	bemerkenswert, berühmt, hervorragend, ausgezeichnet
information extraction	Informationsgewinnung
predicate	Prädikat, Eigenschaft
inflationary	inflationär
discard	verwerfen; Ausrangiertes
reproduction	Reproduktion, Vervielfältigung, Fortpflanzung

government bond	Staatsanleihe
prominent	prominent, auffällig, markant
technician	Techniker(in)
confine	beschränken, begrenzen
propensity	Hang [Vorliebe], Neigung [Tendenz]
open market	freier Markt, offener Markt
current assets	Umlaufvermögen
criminal	kriminell, verbrecherisch; Verbrecher(in)
vulnerable	verletzlich, verwundbar, vulnerabel
completeness	Vollständigkeit
bulk	Großteil, große Menge
optimality	Optimalität
accounting standard	Rechnungslegungsstandard
diagnostics	Diagnostik, Fehlersuche
critique	Kritik
federal government	Bundesregierung
developer	Entwickler(in)
coherent	kohärent, zusammenhängend, stimmig
trend line	Trendlinie
structural change	Strukturveränderung
corporate finance	Corporate Finance, Unternehmensfinanzwesen, betriebliches Rechnungswesen, Finanzwirtschaft
large-scale	großflächig, großräumig, ausgedehnt, groß angelegt
probable	vermutlich, voraussichtlich, wahrscheinlich
counterparty	Kontrahent(in), Gegenpartei
assert	beteuern, geltend machen, durchsetzen
bond price	Anleihekurs, Rentenkurs, Rentenpreis
negligible	unwesentlich, vernachlässigbar
leisure	Freizeit
amount of money	Geldbetrag, Geldmenge

public policy	öffentliche Ordnung
incumbent	amtierend; Amtsinhaber(in)
occupy	besetzen, in Besitz nehmen, Besitz ergreifen von
conform	entsprechen, übereinstimmen, sich anpassen
total return	Gesamtertrag
retracement	Kurseinbruch, Rückgang, Zurückverfolgung
discriminate	einen Unterschied machen, unterschiedlich behandeln, diskriminieren
autonomous	autonom, unabhängig
colleague	Kollegin, Kollege, Arbeitskollegin, Arbeitskollege
directory	Verzeichnis, Inhaltsverzeichnis, Telefonbuch
planner	Planer(in)
registry	Registrierung, Register
repository	Aufbewahrungsort, Warenlager, Verwahrungsort, Repository
consumer goods	Gebrauchsgüter, Konsumgüter, Verbrauchsgüter
chart pattern	Chartmuster
investment strategy	Anlagestrategie
downturn	Abschwung, Baisse, Rückgang
customer satisfaction	Kundenzufriedenheit
after-tax [auch: after tax]	nach Steuer, versteuert
vacancy	Vakanz, freie Arbeitsstelle, Leerstand
leading indicator	Frühindikator
compatible	kompatibel, verträglich
annuity	Annuität, Jahreszahlung, jährliche Zahlung
Great Depression	Weltwirtschaftskrise [von 1930]

subscription	Unterzeichnung, Unterschrift, Abonnement, Subskription, Zeichnung [z. B. einer Aktie]
depository	Verwahrungsort, Lagerstelle [Wertpapiere], Depot
delegate	Delegierte(r); delegieren
initial investment	Erstinvestition
bar chart	Balkendiagramm, Säulendiagramm
life cycle	Lebenszyklus
popularity	Beliebtheit, Popularität
diligence	Gewissenhaftigkeit, Sorgfalt
microeconomics	Mikroökonomie, Mikroökonomik, Mikrotheorie
service provider	Dienstanbieter(in), Dienstleister(in)
inadequate	inadäquat, unzureichend, unangemessen
specialization [auch: specialisation^{BE}]	Spezialisierung
market capitalization [auch: market capitalisation^{BE}]	Marktkapitalisierung
institutional investor	institutionelle(r) Anleger(in)
discount factor	Abzinsungsfaktor, Diskontfaktor, Diskontierungsfaktor
forward contract	Terminkontrakt, Termingeschäft
distress	Not(lage), Qual, Kummer, Sorge; quälen, Kummer machen, Sorge bereiten
cheque^{BE}	Scheck
installation	Installation, Einbau
return on investment	Kapitalrendite, Investitionsrendite

Vokabeln 1701 bis 1800

holding company	Dachgesellschaft, Holding(gesellschaft)
abuse	Missbrauch; missbrauchen, misshandeln
carbon	Kohlenstoff

empirical study	empirische Untersuchung
prevention	Prävention, Verhütung, Vorbeugung
prize	Ehrenpreis, Gewinn
assembly	Versammlung, Montage, Zusammenbau, Baugruppe
shrinkage	Schrumpfung, Schwund
outlay	Geldauslage, Auslagen, Aufwendungen, Kostenaufwand
financial analysis	Finanzanalyse
comparative advantage	komparativer Kostenvorteil
technical analyst	technische(r) Analyst(in)
private equity	Private Equity [außerbörsliche Unternehmensbeteiligungen], privates Beteiligungskapital
safeguard	Absicherung, Schutzmaßnahme, Sicherheitsmaßnahme, Sicherheitsklausel
exporter	Exporteur(in)
competitive market	umkämpfter Markt, Wettbewerbsmarkt
capital requirement	Kapitalbedarf
administrator	Verwalter(in)
exert	ausüben
functionality	Funktionalität
organizational performance [auch: organisational performance*BE*]	organisatorische Effizienz, Unternehmensperformance
invoice	Rechnung, Faktura
dominance	Überlegenheit, Dominanz
deployment	Stationierung, Einsatz, Bereitstellung
financial stability	finanzielle Stabilität
refuse	ablehnen, verweigern, sich weigern
information retrieval	Informationsabruf, Abfrage
interest payment	Zinszahlung
credibility	Glaubwürdigkeit

individual investor	Privatinvestor(in), einzelne(r) Anleger(in)
oversight	Versehen, Aufsicht
catalog[AE], **catalogue**[BE]	Katalog; katalogisieren
volunteer	Freiwillige(r); sich freiwillig melden
profession	Beruf
deploy	einsetzen [z. B. Arbeitskräfte]
downtrend	Abwärtstrend
market data	Marktdaten
preferable	wünschenswert
repurchase	Rückkauf; zurückkaufen
mandatory	obligatorisch, zwingend (notwendig), mandatorisch
assistant	Assistent(in), Helfer(in)
market power	Marktmacht
unrestricted	uneingeschränkt, unbeschränkt
pursuit	Verfolgung, Streben, Betätigung
warranty	Garantie, Gewähr(leistung), Zusicherung, Berechtigung
budget deficit	Haushaltsdefizit, Budgetdefizit
politics	Politik [als abstraktes Thema, Wissenschaft, Beruf]
financial management	Finanzverwaltung, Finanzmanagement
deflation	Deflation, Konjunkturrückgang
production process	Produktionsprozess, Herstellungsprozess
Eurodollar	Eurodollar
ancillary	untergeordnet, zweitrangig, Neben-
sacrifice	Verlust, Opfer; opfern
microeconomic	mikroökonomisch
market orientation	Marktorientierung
due diligence	Due Diligence [Risikoprüfung mit gebührender Sorgfalt], gebührende Sorgfalt
collaborative	gemeinschaftlich, zusammenarbeitend

foreign exchange market	Devisenbörse, Devisenmarkt
shipment	Versendung, Warensendung
average return	durchschnittlichen Rendite, mittlerer Ertrag
time horizon	Zeithorizont
sectoral	branchenspezifisch, sektorspezifisch
copper	Kupfer
widen	(er)weitern, ausweiten
fund manager	Fondsmanager(in)
gross domestic product [kurz: GDP]	Bruttoinlandsprodukt [kurz: BIP]
earnings per share	Ergebnis/Gewinn pro Aktie
tackle	bewältigen, in Angriff nehmen; Ausrüstung
intellectual property	geistiges Eigentum
invention	Erfindung
slowdown	Verlangsamung, Nachlassen, Rückgang
human resource management	Personalwesen, Personalwirtschaft, Personalmanagement
tangible	greifbar, handfest, konkret
convey	übermitteln, mitteilen
dictate	diktieren, vorschreiben
investment opportunity	Investitionsmöglichkeit
output growth	Produktionszuwachs, Produktionswachstum
exemption	Freistellung, Verschonung
municipality	Stadtgemeinde, Kommune
payroll	Gehaltsabrechnung, Gehaltsliste, Lohnliste
senior management	gehobenes Management, Führungsstab, Führungskräfte
debenture	Schuldverschreibung, Schuldschein, Pfandbrief, Obligation
threaten	(an)drohen, bedrohen

competence	Kompetenz, Zuständigkeit
local authority	Gemeindeverwaltung, Kommunalverwaltung, Stadtverwaltung
prepayment	Voraus(be)zahlung, Vorkasse
conservation	Konservierung, Erhaltung, Bewahrung
capital asset	Kapitalanlage
reservation	Reservierung
budgetary	Budget-, Etat-, Haushalts-, haushaltsmäßig
per year	pro Jahr, jährlich
fusion	Fusion, Verschmelzung
inevitable	unvermeidlich, unausweichlich, zwangsläufig
interest expense	Zinsaufwendung
factor of production	Produktionsfaktor
competent	befähigt, befugt, kompetent
capital budget	Finanzbudget, Investitionshaushalt
breakeven point	Breakeven Point, Break-even-Punkt, Gewinnschwelle, Rentabilitätsgrenze
soybean	Sojabohne
sparse	spärlich, dünn (gesät)

Vokabeln 1801 bis 1900

memorandum *PL* memoranda *oder* memorandums	Vermerk, Aktennotiz, Vereinbarung, Memorandum, Vertragsurkunde[BE]
recruitment	Rekrutierung, Personalbeschaffung
reserve requirement	Mindestreservesatz, Mindestreservepflicht
cost curve	Kostenkurve
macroeconomic policy	gesamtwirtschaftliche Politik
stabilization [auch: stabilisation[BE]]	Stabilisierung
mainstream	Mainstream, Hauptströmung

dissimilarity	Verschiedenartigkeit, Unähnlichkeit
notification	Bekanntmachung, Meldung, Mitteilung, Benachrichtigung
equity capital	Eigenkapital, Beteiligungskapital
annual rate	jährliche Rate, Jahresrate, Jahresprämie
payout	Ausschüttung, Auszahlung
appraisal	Abschätzung, Schätzung, Schätzwert, Beurteilung
penalize [auch: penalise^{BE}]	benachteiligen, bestrafen
confront	gegenüberstellen, konfrontieren, entgegentreten
economic outlook	Konjunkturaussichten, wirtschaftlicher Ausblick, wirtschaftliche Aussichten
salesperson	Verkäufer(in), Handelsvertreter(in)
viable	durchführbar, brauchbar
reinvest	reinvestieren, erneut anlegen
legislative	gesetzgebend
taxable	steuerpflichtig, versteuerbar, zu versteuern
recipient	Empfänger(in)
pension fund	Pensionsfonds, Pensionskasse
holding period	Haltedauer, Haltefrist
daily price	Tagespreis
emerging economy	Schwellenland, aufstrebende Wirtschaft
real time	Echtzeit
depreciate	gering schätzen, abwerten [Währung], herabsetzen [Preis], sinken [Wert]
stake	Beteiligung, Einsatz
tax revenue	Steueraufkommen, Steuerertrag
attributable	zurechenbar, zuschreibbar
return on equity	Kapitalrendite
wide variety	große Vielfalt, reiches Angebot, breites Spektrum
rate of unemployment	Arbeitslosenquote

outsourcing	Outsourcing, Ausgliederung
market demand	Marktanforderung, Marktnachfrage, Nachfrage am Markt
insurer	Versicherungsgesellschaft, Versicherungsträger(in), Versicherer
world trade	Welthandel
public goods	öffentliche Güter
notional	begrifflich, fiktiv
deposit insurance	Einlagensicherung
deteriorate	(sich) verschlechtern, beeinträchtigen, im Wert mindern, an Wert verlieren
total revenue	Gesamteinnahmen, Gesamterlös, Gesamtumsatz [Buchhaltung]
economic research	Wirtschaftsforschung
economic condition	wirtschaftliche Lage, Wirtschaftslage, Konjunkturlage
token	Zeichen, Merkmal, Wertmarke, Bon, Gutschein
competency	Fähigkeit, Kompetenz
circulation	Zirkulation, Kreislauf
energy efficiency	Energieeffizienz
stack	Stapel; stapeln
minimum wage	Mindestlohn
marginal product	Grenzprodukt, Grenzertrag
market structure	Marktstruktur
rebalancing	Rebalancing [Wiederangleichung eines Portfolios]
market model	Marktmodell
quotation	Preisangabe, Kursnotierung, Notierung, Zitat
tribunal	Tribunal
standpoint	Standpunkt
underestimate	unterschätzen
deficiency	Mangel, Defizit

bank sector	Banksektor, Bankenbereich
subordinate	nachgeordnet, nachrangig, zweitrangig, nebensächlich
exponential moving average	exponentieller gleitender Durchschnitt
legitimate	legitimieren; legitim, rechtmäßig
financial sector	Finanzsektor
participation rate	Beteiligungsquote
customize [auch: customise^{BE}]	auf den Kundenbedarf zuschneiden
trustee	Treuhänder(in)
income distribution	Einkommensverteilung
taxpayer	Steuerpflichtige(r), Steuerzahler(in)
non-repudiation	Nichtabstreitbarkeit, Unleugbarkeit, Nachweisbarkeit
clarity	Übersichtlichkeit, Deutlichkeit, Klarheit
destruction	Destruktion, Zerstörung
forecast performance	Prognosegüte, Vorhersagequalität
deduct	[einen Betrag] abziehen, [von der Steuer] absetzen
risk assessment	Risikobewertung, Risikoeinschätzung
conglomerate	Gemisch, Konglomerat, Mischkonzern, Großkonzern; zusammengeballt, zusammengewürfelt; zusammenballen, anhäufen
ranking	Rangfolge, Rangordnung, Ranking; reihend
amortization [auch: amortisation^{BE}]	Amortisierung, Tilgung, Abschreibung
federal funds rate	Federal Funds Rate
dismissal	Entlassung, Kündigung, Absetzung, Amtsenthebung
growth model	Wachstumsmodell
administer	verwalten
archive	Archiv; archivieren

price fall	Preisrückgang, Kursrückgang
constituent	Bestandteil
consumer price index	Lebenshaltungskostenindex
control system	Kontrollsystem, Steuerungssystem
law firm	Anwaltskanzlei
market equilibrium	Marktgleichgewicht
disagreement	Meinungsverschiedenheit, Uneinigkeit
descend	sinken
maximum drawdown	Maximalverlust, größter Verlust
duplicate	Duplikat; duplizieren, verdoppeln
nuisance	Ärgernis, Missstand
average number	durchschnittliche Anzahl, Durchschnittszahl
treaty	Abkommen, Vertrag
purchase price	Einkaufspreis, Kaufpreis
maximum value	Höchstwert, Maximalwert
reliance	Vertrauen

Vokabeln 1901 bis 2000

wealthy *KO* wealthier *SU* wealthiest	reich, wohlhabend
marginal revenue	Grenzerlös, Grenzertrag
pay off	aus(be)zahlen, bezahlen, ab(be)zahlen
asset management	Vermögensverwaltung, Vermögensmanagement
unpaid	unbezahlt
governmental	behördlich, Regierungs-
witness	Zeugin, Zeuge; bezeugen
selling price	Verkaufspreis, Verkaufskurs
life insurance	Lebensversicherung
eurozone	Eurozone
current liabilities	kurzfristige Verbindlichkeiten
notable	bemerkenswert, angesehen

renewable energy	erneuerbare Energie(n)
return on capital	Rendite, Kapitalrendite, Kapitalertrag
possession	Besitz(tum), Eigentum
contradict	widersprechen, in Widerspruch stehen
seasonally adjusted	saisonbereinigt
spot rate	Kassakurs
fairness	Fairness, Gerechtigkeit
bounce	Schwung, starker Anstieg [z. B. Kurs]; zurückkommen [ungültiger Scheck/E-Mail]
steering committee	Lenkungsausschuss, Steuerungsgremium
technical indicator	technischer Indikator
capital expenditure	Kapitalaufwand, Kapitaleinsatz, Investition(en)
ascertain	feststellen, ermitteln
European Commission	Europäische Kommission
rearrange	neu (an)ordnen, umordnen, umgestalten, reorganisieren
quantity of money	Geldmenge
inability	Unfähigkeit, Unvermögen
audit committee	Prüfungsausschuss, Rechnungsprüfungsausschuss
assertion	Behauptung, Beteuerung
displacement	Verlagerung
risk-adjusted	risikobereinigt
tender	Angebot, Offerte, (gesetzliches) Zahlungsmittel; ein Angebot machen, anbieten
total amount	Endbetrag, Gesamtbetrag, Gesamtsumme
foreign investment	Auslandsinvestition(en), ausländische Investitionen
securities market	Wertpapiermarkt, Wertpapierbörse

short-term interest rate	kurzfristige Zinsen, Zinssatz für kurzfristige Anleihen
demand for money	Geldnachfrage, Nachfrage nach Geld
admissible	zulässig
rate of growth	Wachstumsrate, Zuwachsrate
gradual	allmählich
grand	gewaltig, groß, großartig
average price	Durchschnittskurs, Durchschnittspreis
commodity market	Warenbörse, Warenmarkt
fiscal year[AE], **financial year**[BE]	Finanzjahr, Fiskaljahr, Geschäftsjahr
market volatility	Marktvolatilität
social welfare	Sozialfürsorge, Sozialhilfe
capital investment	Kapitalanlage(n)
entrant	Teilnehmer(in), Berufsanfänger(in)
shareholder value	Shareholder-Value [Nutzen für die Aktionäre]
worthless	wertlos
trait	Merkmal, Eigenschaft
fundamental	fundamental, grundlegend, grundsätzlich
normative	normativ, normgebend, normierend
coupon bond	Inhaberschuldverschreibung (mit Zinsschein), Inhaberobligation
multilateral	mehrseitig, vielseitig, multilateral
public health	Gesundheitswesen
declaration	Erklärung, Deklaration
attainment	Errungenschaft
applicability	Verwendbarkeit, Geltungsbereich
market leader	Marktführer(in)
economic performance	Wirtschaftsleistung
account balance	Kontoguthaben, Kontosaldo, Kontostand, Saldo
reconciliation	Aussöhnung, Versöhnung

beneficiary	Begünstigte(r), Nutznießer(in)
formalize [auch: formalise^{BE}]	formalisieren
scarcity	Knappheit, Mangel
mechanical trade	automatischer Handel
excellence	Vortrefflichkeit, Vorzüglichkeit
commentary	Kommentar
deregulation	Deregulierung [Abschaffung von einschränkenden Regeln]
overlook	übersehen, überschauen
unbalanced	nicht ausgeglichen, unausgeglichen
tactic	Taktik
depress	(herab)drücken [z. B. Preis, Kurs], senken, deprimieren
deflator	Deflator [ein die konjunkturdämpfender Faktor]
inspect	(über)prüfen, inspizieren
selection criterion	Auswahlkriterium
submission	Unterwerfung, Einreichung [z. B. Antrag]
trade balance	Handelsbilanz
production cost(s)	Produktionskosten, Herstellungskosten
rigid	rigide, starr
carriage	Wagen, Transportkosten^{BE}, Frachtkosten^{BE}
disagree	nicht übereinstimmen
technological change	technologischer Wandel
exchange-traded	börsengehandelt
renewal	Erneuerung
embrace	Umarmung; umarmen, umfassen, [bereitwillig] akzeptieren
demonstration	Darstellung, Demonstration, Kundgebung
economic indicator	Wirtschaftsindikator

International Monetary Fund [IWF]	Internationaler Währungsfonds [IWF]
deserve	verdienen
residue	Rest, Restbetrag, Residuum
shortcoming	Defizit, Mangel, Unzulänglichkeit
ecological	ökologisch
bank account	Bankkonto
recruit	Rekrut, neu Eingestellter; rekrutieren, einstellen
overdraft	Kontoüberziehung
industrial production	industrielle Produktion, Industrieproduktion
fix income	feste Einkünfte

Spezialwortschatz Wirtschaft

In den Wirtschaftswissenschaften haben sich Methoden aus der Mathematik, Informatik und Physik etabliert. Wir haben in diesem Abschnitt 500 Vokabeln zusammengefasst, die überwiegend aus diesen Bereichen stammen. Einige dieser Fachbegriffe kann man erst verstehen, nachdem sie in Vorlesungen behandelt worden sind. Lernen Sie daher zuerst nur diejenigen Vokabeln, deren deutsche Übersetzung Sie kennen.

Vokabeln 2001 bis 2100

parameter	Parameter
algorithm	Algorithmus
matrix PL matrices *oder* matrixes	Matrix
vector	Vektor
coefficient	Koeffizient
time series [seltener: time-series]	Zeitreihe(n) [z. B. die täglichen Kurse]
correlation	Korrelation
dynamic	dynamisch
likelihood	Wahrscheinlichkeit
code	Code; kodieren, verschlüsseln
data mining	Data-Mining [Auswertung großer Datenmengen]
stochastic	stochastisch [vom Zufall abhängig]
column	Spalte, Säule
nonlinear[AE], **non-linear**[BE]	nichtlinear
smooth	glatt; glätten
bias	Bias, systematischer Messfehler [Statistik], Schwellwert [voreingestellte Größe bei neuronalen Netzen], Befangenheit, Voreingenommenheit, Neigung; beeinflussen
covariance	Kovarianz
random variable	Zufallsvariable

transformation	Transformation
node	Knoten, Knotenpunkt
stationary	stationär, unverändert
asymptotic	asymptotisch
standard deviation	Standardabweichung
predictor	Prädiktor, Indikator
mathematical	mathematisch
threshold	Schwellwert, Schwelle
slope	Steigung, Gefälle; sich neigen
confidence interval	Konfidenzintervall, Vertrauensintervall
autocorrelation	Autokorrelation [Korrelation der Daten einer Zeitreihe untereinander]
polynomial	Polynom; polynomial, polynomiell
convergence	Konvergenz
eliminate	eliminieren, ausscheiden, beseitigen
autoregressive	autoregressiv
regression model	Regressionsmodell
classifier	Klassifikator
covariance matrix	Kovarianzmatrix
outlier	Ausreißer [starke Abweichung in einer Messreihe]
decomposition	Zerlegung
quantile	Quantil
null hypothesis	Nullhypothese [Statistik]
inverse	Inverse, Umkehrfunktion, Kehrwert; entgegengesetzt, invers
normal distribution	Normalverteilung
martingale	Martingal [spezieller stochastischer Prozess]
binary	binär
sample size	Stichprobengröße, Stichprobenumfang
converge	konvergieren

standard error	Standardfehler
orthogonal	orthogonal, rechtwinklig
predictive	prädiktiv, vorhersagbar, Prognose-
nonparametric[AE], **non-parametric**[BE]	nichtparametrisch
integer	ganze Zahl; ganzzahlig
intercept	unterbrechen; Achsenabschnitt
association rule	Assoziationsregel
parametric	parametrisch
embed *PS* embedded *PP* embedded *VF* embedding	einbetten
eigenvalue	Eigenwert
degree of freedom	Freiheitsgrad
deterministic	deterministisch
identity	Identität(sfunktion), Einheitsmatrix, Einheitsoperator
univariate	univariat
fitness	Tauglichkeit, Fitness
decision tree	Entscheidungsbaum
binomial	binomisch, Binomial-; Binom
iteration	Iteration, Wiederholung
diagonal	diagonal; Diagonale
divergence	Divergenz, Abweichung, Auseinanderlaufen
entropy	Entropie
dependent variable	abhängige Variable
grid	Gitter, Raster, Koordinatengitter
random walk	Random Walk [Zufallsbewegung]
genetic algorithm	genetischer Algorithmus [Optimierungsmethode]
randomly	zufällig, stichprobenartig

determinant	Determinante, ausschlaggebender Faktor; bestimmend
machine learning	Maschinenlernen
data point	Datenpunkt
regression coefficient	Regressionskoeffizient
linear regression	lineare Regression
Fourier transform	Fourier-Transformation
probability distribution	Wahrscheinlichkeitsverteilung
crossover	Überkreuzung, Crossover [kreuzweises Vertauschen]
mathematics	Mathematik
unbiased	wertneutral, erwartungstreu [Statistik]
geometric	geometrisch
distribution function	Verteilungsfunktion
plane	Ebene, Fläche; flach, eben
itemset	Itemmenge [z. B. Datensatz bei der Warenkorbanalyse (was wird zusammen gekauft)]
time series analysis [seltener: time-series analysis]	Zeitreihenanalyse
independent variable	unabhängige Variable
utility function	Nutzenfunktion
probabilistic	wahrscheinlichkeitstheoretisch, probabilistisch
metric	Metrik; metrisch
cointegration [auch: co-integration]	Kointegration [statistische Eigenschaft von Zeitreihenvariablen]
triangle	Dreieck
density function	Dichtefunktion
stochastic process	stochastischer Prozess
spline [kurz für: spline function]	Spline(funktion)

logistic regression logistische Regression

covariate Kovariate, Kovariable, kovariate Variable, kovariater Parameter [in der Kovarianzanalyse eine zusätzlich berücksichtigte Variable]

lattice Gitter, Verband [Mathematik]

nonzero[AE], **non-zero**[BE] ungleich Null

Vokabeln 2101 bis 2200

white noise weißes Rauschen

unit root Einheitswurzel

asymmetric asymmetrisch, unsymmetrisch

bivariate bivariat, von zwei Variablen abhängig [Mathematik], zweidimensional [Statistik]

expected value erwarteter Wert, Erwartungswert

invariant Invariante [unveränderliche Größe]; invariant, unveränderlich

neuron Neuron, Nervenzelle

fuzzy set Fuzzy-Menge

incremental inkremental, schrittweise, stufenweise

relational relational

encode verschlüsseln

trace Spur [in der Mathematik: Summe der Diagonalelemente einer Matrix]

differential equation Differentialgleichung

dispersion Dispersion, Streuung

time frame Zeitrahmen, Zeitfenster

nonstationary[AE], **non-stationary**[BE] nicht stationär, veränderlich

consecutive fortlaufend, aufeinanderfolgend, konsekutiv

uncorrelated unkorreliert

percentile Perzentil, Prozentrang

autocovariance	Autokovarianz
fundamentals	Grundlagen, Grundbegriffe
induction	Induktion, Induzierung
Brownian motion	Brownsche Bewegung
performance measure	Performancemaß, Leistungsmaß
prediction error	Prognosefehler, Vorhersagefehler
forecast error	Prognosefehler, Vorhersagefehler
interface	Interface, Schnittstelle
convex	konvex
Markov chain	Markov-Kette
regression analysis	Regressionsanalyse
scalar	skalar [reell oder komplex (als Zahl)]; Skalar [Zahl, durch Zahlenwert charakterisiert Größe]
logarithm	Logarithmus
correlation coefficient	Korrelationskoeffizient
increment	Inkrement, Schrittweite
exponent	Exponent
linear combination	Linearkombination
recursive	rekursiv
regressor	Regressor [unabhängige Variable in der Regressionsanalyse]
decile	Dezil [Zehntelwert]
uniformly	uniform, gleichförmig, gleichmäßig
definite	definit, bestimmt
significance level	Signifikanzniveau
weighted average	gewichteter Mittelwert
trajectory	Trajektorie, Bahnkurve
inclusion	Inklusion
analytic	analytisch
regression equation	Regressionsgleichung

normally distributed	normalverteilt
state space	Zustandsraum
contour	Kontur
training data	Trainingsdaten
hypothesis test	Hypothesentest
pattern recognition	Mustererkennung
stationarity	Stationarität
amplitude	Amplitude
discriminant	Diskriminante
permutation	Permutation, Vertauschung
derivation	Ableitung, Abweichung, Derivation
steady state	Dauerzustand, Gleichgewicht(szustand), stabiler Zustand, stationärer Zustand
error rate	Fehlerrate
gradient	Gradient [Richtung und Größe der stärksten Änderung]
forecaster	Prognostiker(in)
eigenvector	Eigenvektor
intrinsic	intrinsisch, immanent, innewohnend
cluster algorithm	Clusteralgorithmus
ant algorithm	Ameisenalgorithmus [Optimierungsmethode]
homogeneous	homogen, einheitlich strukturiert
symmetry	Symmetrie
complement	Komplement; komplementieren
probability density	Wahrscheinlichkeitsdichte
intersection	Schnitt(punkt), Schnittmenge
mutation	Mutation
odd	ungerade, seltsam
canonical	kanonisch [dem Problem angemessen]
rotation	Rotation, Drehung

robustness	Robustheit
random sample	Zufallsstichprobe, Stichprobe, Zufallsauswahl
arithmetic	arithmetisch; Arithmetik
algebra	Algebra
predictable	vorhersehbar, voraussagbar, prognostizierbar
refine	verfeinern
distortion	Verzerrung [z. B. einer Verteilung]
discrimination	Diskrimination, Unterscheidung
denominator	Denominator, Nenner [eines Bruchs]
predictor variable	Prädiktorvariable
orthonormal	orthonormal [orthogonal (rechtwinklig) und normiert]
subsequent	(nach)folgend, anschließend
vertex *PL* vertices	Vertex, Knotenpunkt, Eckpunkt, Scheitelpunkt
computer science	Informatik
chromosome	Chromosom
basis function	Basisfunktion
resampling	Resampling [Neukombinationen von Daten einer Stichprobe]
bootstrapping	Bootstrapping [Resamplingmethode in der Statistik]
spike	Spitze, Zacke, Spike; aufspießen, stark zunehmen
segmentation	Segmentierung, Unterteilung
invert	umkehren, umdrehen
straight line	gerade Linie, Gerade
initial condition	Anfangsbedingung
decompose	zerlegen
nonlinear model[AE], **non-linear model**[BE]	nichtlineares Modell

Vokabeln 2201 bis 2300

noisy *KO* noisier *SU* noisiest	verrauscht [mit Störungen überlagert], geräuschvoll
remainder	Rest
spectral density	Spektraldichte
scale function	Skalierungsfunktion
autocorrelation function	Autokorrelationsfunktion
time interval	Zeitintervall
indifference curve	Indifferenzkurve
loop	Schleife
conditional variance	bedingte Varianz
absolute value	Absolutbetrag
data source	Datenquelle
dimensionality	Dimensionalität
ensemble	Ensemble [Gesamtheit]
predictability	Vorhersagbarkeit
skew	schief; verzerren
starting point	Anfangspunkt, Startpunkt
directional	gerichtet
regularity	Regularität
mean square error	mittlerer quadratischer Fehler
objective function	Zielfunktion
statistically significant	statistisch signifikant
terminology	Terminologie, Bezeichnungsweise, Fachausdrücke
multiple regression	multiple Regression
artificial intelligence	künstliche Intelligenz
cubic	kubisch
multidimensional	mehrdimensional
calibration	Eichung, Justierung, Kalibrierung
centroid	Schwerpunkt

normalization [auch: normalisation^{BE}]	Normalisierung
conditional probability	bedingte Wahrscheinlichkeit
dummy variable	Platzhaltervariable
convolution	Faltung, Konvolution
singular	singulär, einzigartig; Singular
subspace	Unterraum, Teilraum
membership function	Zugehörigkeitsfunktion
autoregressive model	autoregressives Modell
infinity	Unendlichkeit
data collection	Datenerhebung, Datengewinnung
skewness	Schiefe [z. B. einer Verteilung]
initial value	Anfangswert
premise	Prämisse, Voraussetzung
support vector machine	Support Vector Machine [Klassifizierung- und Regressionsmethode]
minimization [auch: minimisation^{BE}]	Minimierung
differentiable	differenzierbar
periodogram	Periodogramm
feature selection	Funktionsauswahl
serial correlation	serielle Korrelation [Korrelation der Daten einer Zeitreihe untereinander], Autokorrelation
boundary condition	Randbedingung
odds ratio	Odds Ratio, Odds-Verhältnis, Quotenverhältnis, Kreuzproduktverhältnis, Chancenverhältnis
oscillation	Oszillation, Schwankung, Schwingung
conditional mean	bedingter Mittelwert, bedingter Erwartungswert
bootstrap sample	Bootstrap Stichprobe

fuzzy logic	Fuzzylogik
square root	Quadratwurzel
linear function	lineare Funktion
signal processing	Signalverarbeitung
circuit	Schaltkreis
pre-processing	vorbereitende Bearbeitung, Vorverarbeitung
fractional	gebrochen, unterteilt
emergence	Emergenz, Hervorgehen
distort	verfälschen, verzerren, verformen
heuristic	Heuristik [erkenntnisfördernde Methode]; heuristisch [erkenntnisfördernd]
truncate	beschneiden, stutzen, kürzen
sphere	Kugeloberfläche, Sphäre
iterate	iterieren, wiederholen
radius *PL* radii	Radius
cross-validation	Kreuzvalidierung, Vergleichsprüfung
ordinal	Ordnungszahl
stationary process	stationärer Prozess
conditional distribution	bedingte Verteilung
pairwise	paarweise
envelope	Enveloppe, Hüllkurve, Umschlag
triangular	dreieckig, triangulär
calculus *PL* calculi	Infinitesimalrechnung, Differential- und Integralrechnung
deviate	abweichen
fractal	fraktal; Fraktal
probability measure	Wahrscheinlichkeitsmaß
axiom	Axiom
antecedent	früher, vorhergehend; Vorgänger
central limit theorem	zentraler Grenzwertsatz

gauge	beurteilen, messen, Eich-; Messgerät
minority game	Minderheitenspiel
optimization problem [auch: optimisation problem^{BE}]	Optimierungsproblem
numerator	Zähler [eines Bruchs]
attractor	Attraktor [Zustand, dem sich das System nähert]
elimination	Eliminierung, Elimination, Beseitigung
forecast method	Prognoseverfahren, Prognosemethode
parameter estimation	Parameterschätzung
statistical analysis	statistische Analyse
deviance	Abweichung
statistician	Statistiker(in)
conditional expectation	bedingte(r) Erwartung(swert)
concave	konkav
monotone	monoton
interpolation	Interpolation, Zwischenwertbestimmung
logarithmic	logarithmisch
statistical inference	statistische Inferenz [Methoden der Stichprobenauswertung]
probability density function	Wahrscheinlichkeitsdichtefunktion
invertible	invertierbar, umkehrbar
equate	gleichsetzen

Vokabeln 2301 bis 2400

joint distribution	gemeinsame Verteilung
heteroskedasticity [auch: heteroscedasticity]	Heteroskedastizität, (Residuen)-Varianzheterogenität [unterschiedliche Streubreite in einer Messreihe]
one-dimensional	eindimensional

analysis of variance	Varianzanalyse
real number	reelle Zahl
correlation matrix	Korrelationsmatrix
extrapolation	Extrapolation, Extrapolierung, Hochrechnung
bootstrap method	Bootstrap Verfahren [Methode der Stichprobewiederholung (Resampling) in der Statistik]
cointegrated [auch: co-integrated]	kointegriert
model parameter	Modellparameter
homogeneity	Homogenität, Gleichartigkeit
statistical model	statistisches Modell
inductive	induktiv
lower bound	untere Schranke, untere Grenze
unit circle	Einheitskreis
integrable	integrierbar
intrusion	Intrusion, Störung
fitness function	Fitnessfunktion, Zielfunktion
inner product	inneres Produkt, Skalarprodukt
maximum likelihood estimation	Maximum-Likelihood-Schätzung
algebraic	algebraisch
regression function	Regressionsfunktion
random number	Zufallszahl
calibrate	eichen, justieren, kalibrieren
autoregressive process	autoregressiver Prozess
extreme value	Extremwert
evolutionary algorithm	evolutionärer Algorithmus [Optimierungsmethode]
forecast model	Vorhersagemodell
rectangle	Rechteck

inconsistency	Inkonsistenz, Uneinheitlichkeit, Widersprüchlichkeit
Poisson distribution	Poisson-Verteilung
inversion	Inversion, Umkehrung
tangent	Tangente; tangential
curvature	Krümmung, Wölbung
adjacent	angrenzend, danebenliegend
propagation	Ausbreitung, Fortpflanzung [Welle]
partial derivative	partielle Ableitung
principal component analysis	Hauptkomponentenanalyse
rotate	rotieren
dynamical system	dynamisches System
maximum likelihood estimate	Maximum-Likelihood-Schätzung
marginal distribution	Randverteilung
categorize [auch: categorise^BE]	kategorisieren, nach Kategorien ordnen, klassifizieren
manifold	Mannigfaltigkeit
overfitting	Überanpassung
continuum *PL* continua	Kontinuum [auch Menge der reellen Zahlen]
difference equation	Differenzengleichung
multivariate analysis	multivariate Statistik, multivariate Analyse
orthogonality	Orthogonalität, Rechtwinklichkeit
discriminant analysis	Diskriminanzanalyse
probability theory	Wahrscheinlichkeitstheorie
random vector	Zufallsvektor
swarm intelligence	Schwarmintelligenz
insignificant	bedeutungslos, unbedeutend

recurrence	erneutes Auftreten, Wiederauftauchen, Wiederkehr; (periodisch) wiederkehren, wieder auftreten
genetic programming	genetische Programmierung
model based [auch: model-based]	modellgestützt, modellbasiert
state variable	Zustandsvariable
coherence	Kohärenz
stochastics	Stochastik
expert system	Expertensystem
spectral analysis	Spektralanalyse
Markov model	Markov-Modell
conjugate	konjugiert; konjugieren
forecast accuracy	Vorhersagegenauigkeit, Prognosegenauigkeit, Prognosesicherheit
unitary	unitär, einheitlich, Einheits-
learning process	Lernprozess
game theory	Spieltheorie
Euclidean distance	euklidischer Abstand
invariance	Invarianz
randomness	Zufälligkeit
smoothness	Glätte, Glattheit
diverge	divergieren, abweichen
mean value	Mittelwert, mittlerer Wert, Durchschnittswert
synchronization [auch: synchronisation[BE]]	Synchronisation, Synchronisierung
exclusion	Exklusion
exponential smoothing	exponentielle Glättung
forecast horizon	Prognosehorizont
input variable	Eingangsgröße, Eingangsvariable
interpolate	interpolieren, Zwischenwert(e) berechnen

disjoint	disjunkt, elementfremd, getrennt
misspecification	fehlerhafte Spezifikation
progressive	progressiv, progredient, fortschreitend, zunehmend
transfer function	Transferfunktion
subgroup	Untergruppe
cross-section [seltener: cross section]	Querschnitt; Querschnitts-
intersect	(sich) schneiden, (sich) kreuzen
factor analysis	Faktorenanalyse
binomial distribution	Binomialverteilung
multicollinearity	Multikollinearität
population mean	Mittelwert der Grundgesamtheit
nearest neighbour	nächster Nachbar
simulator	Simulator
uniform distribution	Gleichverteilung
cluster analysis	Clusteranalyse, Clustering-Algorithmus, Ballungsanalyse
convexity	Konvexität
confidence level	Konfidenzniveau
activation	Aktivierung
likelihood ratio test	Likelihood-Ratio-Test
recursion	Rekursion; Rekursions-

Vokabeln 2401 bis 2500

standard normal distribution	Standardnormalverteilung
well-defined	wohldefiniert, eindeutig definiert
cluster method	Clustermethode
discretization [auch: discretisation[BE]]	Diskretisierung
quartile	Quartil

factor model	Faktorenmodell
topology	Topologie, räumliche Struktur
feature space	Merkmalsraum
rule-based	regelbasiert
stochastic volatility model	stochastisches Volatilitätsmodell
game-theoretic	spieltheoretisch
autoregression	Autoregression
error correction	Fehlerkorrektur
discontinuity	Unstetigkeit
agent-based model	agentenbasiertes Modell
similarity measure	Ähnlichkeitsmaß
gene expression	Genexpression
distance measure	Abstandsmaß
incidence	Inzidenz, Vorkommen, Häufigkeit
performance measurement	Leistungsmessung
confidence region	Konfidenzbereich, Vertrauensbereich
hyperbolic	hyperbolisch
linear transformation	lineare Transformation
non-singular	nichtsingulär
initialize [auch: initialise^{BE}]	initialisieren
analysis tool	Analysewerkzeug
vector space	Vektorraum
Gaussian distribution	Gauß-Verteilung, Normalverteilung
symmetrical	symmetrisch
search space	Suchraum
taxonomy	Taxonomie, Klassifizierungslehre
empirical distribution	empirische [auf Messungen beruhende] Verteilung
diagonal element	Diagonalelement

data model	Datenmodell
random process	Zufallsprozess
network model	Netzwerkmodell
sensitivity analysis	Sensitivitätsanalyse
artificial neural network	künstliches neuronales Netz
dynamic model	dynamisches Modell
probability space	Wahrscheinlichkeitsraum
hypothesize [auch: hypothesise*BE*]	eine Hypothese aufstellen, mutmaßen
randomize [auch: randomise*BE*]	randomisieren, eine Zufallsauswahl treffen
evolutionary computation	Evolutionary Computation, evolutionäre Berechnungsverfahren
business intelligence	Business Intelligence, Unternehmensinformationssystem
nonnegative*AE*, non-negative*BE*	nicht negativ
classification rule	Klassifizierungsregel
cube	dritte Potenz, Kubus, Würfel
genome	Genom
reciprocal	Kehrwert; reziprok
simulated annealing	simulierte Abkühlung [Optimierungsmethode]
statistical test	statistischer Test
parameter space	Parameterraum
raw data	Originaldaten, Rohdaten
hyperplane	Hyperebene
perceptron	Perzeptron [einfaches künstliches neuronales Netz]
quadratic form	quadratische Form [mathematische Funktion]
collinearity	Kollinearität
diagonal matrix	Diagonalmatrix

frequency domain	Frequenzbereich
exponential distribution	Exponentialverteilung
model specification	Modellspezifikation
Monte Carlo simulation	Monte-Carlo-Simulation
radial	radial, strahlenförmig
recurrent	rekurrierend, wiederkehrend
computational intelligence	Computational Intelligence [Methoden der Fuzzy-Logik, der künstlichen neuronalen Netze und der evolutionären Algorithmen]
orthonormal basis	Orthonormalbasis
data quality	Datenqualität
sampling distribution	Stichprobenverteilung
data series	Datenreihen
heuristics	Heuristik [Lehre]
monotonic	monoton
rule of thumb	Daumenregel, Erfahrungsregel, Faustformel
unweighted	ungewichtet
data structure	Datenstruktur
deformation	Deformation, Verformung
econophysics	Ökonophysik [Anwendung physikalischer Methoden auf wirtschaftliche Problemstellungen]
truncation	Abschneiden [z. B. Streichen der Dezimalstellen] Trunkierung
data type	Datentyp
imaging	Bildgebung, Bilderzeugung; Bildgebung-, Abbildungs-
estimation procedure	Schätzverfahren
control group	Kontrollgruppe
covariance model	Kovarianzmodell
data stream	Datenfluss, Datenstrom

conceptual model	konzeptionelles Modell [begriffliches Datenmodell]
high-dimensional	hochdimensional
characteristic function	charakteristische Funktion
nonlinear regression[AE], **non-linear regression**[BE]	nichtlineare Regression
transpose	Transponierte; transponieren
panel data	Paneldaten [Daten, die Objekte zu verschiedenen Zeitpunkten beschreiben]
goodness of fit [auch: goodness-of-fit]	Anpassungsgüte, Eignung
point estimate	Punktschätzung
significance test	Signifikanztest
weight vector	Gewichtsvektor
replication	Replikation, Reduplikation, Verdopplung
risk model	Risikomodell
set theory	Mengenlehre
autocovariance function	Autokovarianzfunktion
confidence coefficient	Konfidenzkoeffizient
unsupervised lerning	nicht überwachtes Lernen [Lernverfahren bei künstlichen neuronalen Netzen]
nonlinearity[AE], **non-linearity**[BE]	Nichtlinearität

Alphabetisches Vokabelverzeichnis

Da die Vokabeln nach der Häufigkeit sortiert sind, soll Ihnen dieses alphabetische Verzeichnis das Auffinden einer Vokabel erleichtern. Auch hier haben wir das britische und amerikanische Englisch durch ein hochgestelltes [BE] bzw. [AE] gekennzeichnet.

A

C

D

E

F

G

H

I

J

K

L

M

N

O

P

Q

R

S

T

U

V

29956462R00079

Printed in Great Britain
by Amazon